现代新闻传播：理论探索与实践研究

宋晓楠 著

全国百佳图书出版单位 吉林出版集团股份有限公司

图书在版编目（CIP）数据

现代新闻传播：理论探索与实践研究 / 宋晓楠著. -- 长春：吉林出版集团股份有限公司，2024.3
 ISBN 978-7-5731-4710-3

Ⅰ.①现… Ⅱ.①宋… Ⅲ.①新闻学-传播学-研究 Ⅳ.①G210

中国国家版本馆 CIP 数据核字（2024）第 058772 号

XIANDAI XINWEN CHUANBO LILUN TANSUO YU SHIJIAN YANJIU
现代新闻传播：理论探索与实践研究

著　　　：宋晓楠
责任编辑：朱　玲
封面设计：冯冯翼
开　　本：720mm×1000mm　1/16
字　　数：210 千字
印　　张：11.5
版　　次：2024 年 3 月第 1 版
印　　次：2024 年 3 月第 1 次印刷
出　　版：吉林出版集团股份有限公司
发　　行：吉林出版集团外语教育有限公司
地　　址：长春市福祉大路 5788 号龙腾国际大厦 B 座 7 层
电　　话：0431-81629929
印　　刷：吉林省创美堂印刷有限公司

ISBN 978-7-5731-4710-3　　　定　价：69.00 元
版权所有　侵权必究　举报电话：0431-81629929

前言

"新闻"一词最早出现在唐朝,它的使用范围十分广泛。当然,在不同情况下,新闻也有着不同的内涵。例如,新闻图片、新闻特写、新闻公报等强调的是新闻报道的体裁;新闻编辑、新闻采访、新闻写作等强调的是报道某一或某些事实的方式。简单理解,新闻是近期发生的事实或情况的信息,这一事实信息需要新闻传播媒介的传播。新闻以事实为基础,由大众传媒传播,是一种精神现象,是传播者对社会信息的主观能动反映。新闻具有真实性、新鲜性、敏感性、公开性、简明性、事件性、时效性、变动性、实证性等特点。新闻可以反映时事政治,可以传递真实信息,同时还具有服务、宣传、教育等功能。现如今,新闻在人们的工作、学习、生活中扮演着重要的角色。

提到新闻,必然想到新闻传播。新闻传播并不是一个随意传播的过程,它的传播过程是有序的。不仅如此,新闻传播还是一个复杂的过程,具体主要涉及选择事实、转换事实、信息接收、信息反馈等环节。在当今时代,新闻传播已成为人们了解时事政策的重要途径,同时也是人们了解时事政治的重要手段。在传播过程中,新闻传播形成了目的性、双向性、系统性、媒介性等特征。自新闻产生以来,新闻传播主要依靠电视、报纸、杂志、广播等传统媒体。随着互联网技术的迅速发展以及新媒体和自媒体的出现,传统媒体面临着严峻的挑战,新闻传播的方式和载体也越来越多样化。在新时代,新闻传播更应该不断完善传播理论、转变传播观念、创新传播方式、更新传播内容、深入传播实践。只有这样,新闻传播才能与时俱进,走在时代发展的前端。鉴于新闻传播的重要性,笔者在总结前人研究成果及自身多年科研经验的基础上,系统梳理了新闻传播理论与实践的相关知识,并编纂了此书,以期能够为新闻传播理论与实践研究提供有益借鉴。

本书共分八章。第一章到第四章主要对新闻传播的理论进行了分析和论述。具体而言，首先概述了新闻传播的基础知识，即新闻传播的相关概念、历史演进、本质、结构和原则，为新闻传播研究奠定了基础；其次具体剖析了新闻传播的要素，即新闻传播者、新闻传播的受众、新闻传播的媒介、新闻内容、传播效果；再次探讨了新闻传播与信息化手段的运用，即微博、微信、数字技术、区块链技术与新闻传播的结合，促进了新闻的信息化传播；最后探索了新闻传播与媒介融合的相关知识，即分析了媒介融合的产生与发展，论述了媒介融合背景下新闻传播的舆论控制与新发展，论述了媒介融合的产物——融合新闻及其传播策略。第五章到第八章主要从电视新闻、财经新闻、企业新闻、数据新闻多个方面论述了新闻传播的实践，实现了新闻传播理论与实践的有效融合。

总之，本书以新闻传播为主题，对新闻传播理论与实践进行了系统分析和论述，为新闻传播理论与实践研究提供了多种视角。在写作过程中，笔者查阅了很多国内外资料，吸收了很多与新闻传播相关的最新研究成果，借鉴了大量学者的观点，在此表示诚挚的感谢！由于新闻传播的复杂性，再加上笔者对新闻传播研究能力有限，书中难免存在不足之处，请广大读者批评指正。

目录

第一章 新闻传播概述 1
 第一节 新闻传播的相关概念 1
 第二节 新闻传播的历史演进 5
 第三节 新闻传播的本质与结构 10
 第四节 新闻传播的原则 16

第二章 新闻传播的要素 20
 第一节 新闻传播者 20
 第二节 新闻传播的受众 25
 第三节 新闻传播的媒介 29
 第四节 新闻内容 33
 第五节 传播效果 35

第三章 新闻传播与信息化手段运用 41
 第一节 微博与新闻传播 41
 第二节 微信与新闻传播 48
 第三节 数字技术与新闻传播 55
 第四节 区块链技术与新闻传播 58

第四章 新闻传播与媒介融合 64
 第一节 媒介融合的产生与发展 64
 第二节 媒介融合背景下新闻传播舆论的控制 67
 第三节 媒介融合背景下新闻传播的新发展 77
 第四节 媒介融合的产物——融合新闻及其传播策略 ... 82

第五章 融媒体时代电视新闻的传播 … 91

第一节 电视新闻概述 … 91
第二节 融媒体对电视新闻传播策划的影响 … 94
第三节 融媒体时代电视新闻的传播理念 … 99
第四节 融媒体时代电视新闻传播现状与策略 … 103

第六章 财经新闻的传播 … 114

第一节 财经新闻诠释及其传播理论 … 114
第二节 政府宏观调控财经新闻传播 … 124
第三节 金融市场财经新闻传播 … 126
第四节 国际经济环境财经新闻传播 … 130

第七章 企业新闻的传播 … 134

第一节 企业新闻传播概述 … 134
第二节 企业新闻传播的营销内容 … 139
第三节 企业新闻营销的二次传播 … 143
第四节 新媒体时代企业新闻传播的策略 … 149

第八章 数据新闻的传播 … 154

第一节 数据新闻概述 … 154
第二节 数据新闻传播存在的问题与策略 … 162
第三节 数据新闻传播实践 … 166

参考文献 … 174

第一章 新闻传播概述

当今社会的人们每天都会从各种渠道中获得大量的信息,其中多数是新闻传播出来的信息。可以说,当前新闻传播在人类日常生活中无处不在。本章主要对新闻传播的基础知识进行了阐述。

第一节 新闻传播的相关概念

一、新闻

(一)新闻的概念

新闻是借助报纸、电台、电视台、互联网等媒体对新近发生的、正在发生的或者之前发生的仍能产生社会效应的事实的报道。同时,新闻还是一种以宣传为手段的舆论工具。①

(二)新闻的特征

1. 真实性

新闻最基本、最重要的是传者在对新闻现象和具体事件发生时,实实在在地向受者报告事实产生的原因、发生发展的经过及结果。在整个过程和每一个环节都必须符合客观事物的本来面貌,不得有半点虚假或夸张。真实是新闻的核心,没有真实就没有新闻,新闻必须以事实为根本。陈述事实,是新闻传播最根本的特征。任何无中生有与凭空捏造都会给新闻业带来极大的冲击。即使传播的事实被夸大或者缩小,某些事实层面被有意无意地加以改动,这样的报

---

① 胡小英. 新闻传媒写作精要与范例实用大全[M]. 北京:中华工商联合出版社,2017:2.

道也同样违背新闻传播的基本精神。忠实地陈述事实，确保新闻的完全真实，就是维护新闻的生命。无论采用语言或其他方式陈述事实，新闻必须是对事实原貌的纯粹客观再现。

2. 简明性

新闻宜短，新闻报道的明显特征就是言简意赅、短小精悍。短新闻可以提高新闻时效、加大媒体的信息量，便于人们阅读或收听、收看。

言简意赅、针对性强、短而有分量的短新闻，往往能够引起很好的社会效果。写短新闻是记者的一项基本功。但是，在有限的文字中报道丰富的信息，用很少的文字写出很重要的事实，这是有一定难度的，需要处理好以下几方面。

第一，精心选材，以少胜多。由于短新闻的篇幅和容量都很小，为充分发挥短新闻说明问题和说服人的作用，并体现新闻的价值，就应力戒一般化的事例堆砌，而要选择那些最精彩、最有说服力的事实发挥以一当十的作用。另外，注意舍弃新闻报道中多余的文字，避免"穿靴戴帽""画蛇添足"的老套写法，简明扼要地交代新闻的要素。

第二，选材精当，用例典型。新闻报道的长短与选材关系极大，如果一篇文章有了好的主题，却选用了平淡、不新鲜、不过硬的材料，势必会出现"以数代质"的问题，泛泛地罗列一般事例，造成新闻报道过长。反之，如果严格选材，选择那些最能表现新闻主题、具有很强的说服力和感染力的材料和具有广泛代表性、典型性的事例，就能起到"以一当十""以少胜多"的效果。

第三，主题专一，中心突出。新闻报道的标题要点明新闻的主题思想，开门见山地把新闻的主题摆在读者面前，这样会对读者产生很强的吸引力。值得注意的是，新闻报道力求避免标题与导语重复。在写文章时，主题应鲜明、专一和集中，不可繁杂含糊或搞多主题。具体到新闻中就是在一篇新闻稿中，可以集中报道一个问题，不可以平铺直叙地罗列十个问题。大量的新闻实践证明，好的新闻通常是言简意赅、短小精悍，并且集中深入一点或一件事，或紧紧抓住一个意思，直到使其清楚、透彻。

第四，大处着眼，小处落笔。衡量新闻稿件能否做到"以小见大"的标准，是看其能否见微知著，切忌短而不当和细小琐碎，以致给人留下就事论事、鸡毛蒜皮的感觉和印象。新闻消息应具有强烈的针对性，反映重大的主题，起到良好的传播效果。

3. 及时性

新闻事件在一定的时空内发生，及时性是新闻存在的基本要素。事件在一定时空内发生后就在不断衰老，等到下一个事件发生时，旧的事件就不再是新闻。因此新闻有很强的时间限制，新闻报道与事件发生之间时间差越小，新闻就越鲜活。受众接收新闻信息，目的是要随时知道外界发生的变化，并让自己的行为适应这一变化，因此，记者应该以最快的速度展示新闻事件，使新闻更加生动、新鲜。新闻是易碎品，随着时间流逝，新闻的价值迅速耗散，甚至消失。新闻图的是新，讲的是快，只要没有其他问题，新闻单位就应该快采、快编、快发，争取先声夺人。近年来，传媒技术发展很快，同步直播新闻事件已成为现实，因此新闻单位在时效性竞争上更加激烈。在新闻竞争的环境下，记者抢新闻的意识非常强，在一些重大新闻事件发生后，他们会在第一时间出现在新闻现场。

4. 新鲜性

新闻中的"新"不仅指时间的新近，而且还指内容的新鲜。新近、新鲜、新意、新异以及新奇等都是个性"新"的"新"字中所共同具有的因素。

客观世界一切事物无不处于不断运动、变化、新老交替的发展变化之中。事物的运动是绝对的，新事物的不断出现也是绝对的。这也正是新闻报道之树常青的最终根源所在。但是，具体到每一件个别的新闻报道来看，它们又只能是该事物运动到某一时空以及某一状态的陈述，是该事物发展到最新层面的一个事实的报道。而由于生生不息的世界的运动规律，这种状态很快改变，这一新的层面很快由另一新的层面所代替。在这种情况下，原先报道"新状态""新层面"的新闻，就开始变得不再具有新意，也就失去了原本具备的新闻的生命，失去了新闻而存在的意义。①

5. 公开性

真实、新鲜的新闻事实信息只有公开报道出来，为公众所接受，为社会所承认，才能最终实现其新闻价值，因此新闻具有公开性的特点。认识新闻公开性的特点，可以避免新闻报道中束缚太多、报道面太窄的现象，能够提高信息的透明度，适应建设民主政治的需要。需要注意的是，新闻的公开需要掌握好"度"，要考虑其传播后的社会效果，不能没有限度地公开。

二、传播

（一）传播的概念

传播原指"通信、传达、联系"之意，后专指信息的交换与交流。传播是自然界和人类社会的普遍现象，从远古的生物进化，到当代形形色色的社会活

---

① 耿思嘉，高徽，程沛. 新闻传播与广告创意［M］. 长春：吉林人民出版社，2019：4.

动，无不涉及信息的传播和利用。广义的传播可理解为"大自然中一切信息的传送或交换"，包括植物、动物、机器、人所进行的信息传播。狭义的传播主要指人所进行的信息传播，又分为人的内在传播（或称自我传播）、人与人的传播。①

（二）传播的特点

1. 社会性

传播是人类为维持社会生活而进行的一种社会行为。任何传播行为都不能脱离社会，同样，社会也离不开传播行为。

2. 普遍性

传播行为无处不在，无时不有。小至日常生活琐事，大至报道消息、宣传政策、传授知识、国际交往等，都需要进行传播。

3. 工具性

利用传播作为工具进行监测环境、适应环境而改造环境，新闻工作者利用传播原理、传播方式、传播手段为社会组织服务。

4. 互动性

传播活动是在人与人之间进行的，是双向对称的、相互的行动。完全单向的传播是传统的传播，其传受双方不对等，与宣传相似。

5. 符号性

信息的表现形——符号，包括语言、文字、音响、图画、形象、表情、动作等。在传播过程中，传播的一方制作、传递符号，另一方接收、还原符号。公关人员善于运用各种符号的特征来传递特定的信息。

6. 共享性

这是传播的目的，传受双方共同分享信息内容，能与对方共享信息、立场、观念并建立共同性才是最有效的传播。②

三、新闻传播

新闻传播，指人际间、群体内以及社区内直接的或通过大众传播媒介进行的，对于新近发生的事实的报道及意见的相互传受过程。

---

① 邱红艳，孙宝刚. 现代教育技术 [M]. 重庆：重庆大学出版社，2020：14.
② 张迺英，巢莹莹. 公共关系学 [M]. 上海：同济大学出版社，2019：108.

第二节　新闻传播的历史演进

一、古代的信息传播

在远古时代，人类仅仅是通过一些简单、来自身体组织的声音、姿势手势等传达信息。随着产业的发展和传播需求的不断增加，人们逐渐创造了一套约定俗成的传播方法，如标识、声音光图和一些象形符号、表意等。人类传播的根本原因是语言的产生。随着人类的发展，生活内容的丰富，频繁地传播活动，口头传递的局限性也日益显现，于是人们开始制作文字和书写材料进入传文字传递时代。

随着印刷技术的发展，近代的印刷也随之兴起。20世纪早期，电子传播技术的发展将人类带入电子传播的时代。20世纪后期，计算机网络、多媒体技术的应用，宣告了国际网络传播的到来。一般情况下，只要有新的事实发生在身边，就可以把这些事实看作人类新闻的开始。因此，人类的新闻传播演变过程主要包括四个部分：口语传播、文字印刷、电子传递和国际网络传播。口语传播，语言在传播历史上是第一个重大的里程碑。口语传播是新闻宣传活动发展的第一阶段，其内容以音讯为主。音讯是由某个来源的发端提供的符号或某一组信号，可由接收者对其进行解释。但是，音讯不同于新闻，音讯是一种笼统的传播名词，新闻和非新闻都可以包括在内，音讯也可能是指最近发生的事，但并不一定要有新闻元素。然而，值得一提的是，音讯可以被转化成新闻的声音，作为笼统传播名词，仍然有一些原始性。在新闻传播方面，具体表现为：没有意识对抗、思想的控制，人人都可以是传播者和观众。传播的需求是自发的，传播就是无处不在而又必要的活动。

（一）文字传播

文字新闻传播阶段是我国新闻信息传播管理工作的第二个重要发展升级阶段，最早的手写文字新闻传播阶段指的是手写文字媒介，是我国新闻信息传递史上的第二大重要里程碑。在这个时期，出现了许多专业的新闻传播工作人员或其他职位。此外，古代中国统治者已经巩固了他的政权，商人为了容易获知他的知情，手写字的传播对古代社会上的生活方式起到了重要指导作用。其中，有两个特别重要的：一个就是关于官方媒体宣传，另一个就是关于书信的官方新闻讯。

（二）电子传播

电子信息传播电视是泛指 20 世纪中期兴起的两种电子广播电视和有线电视。无线电和光子电视都同样是关键的，因此称为电子传递。广播和数字电视的大量出现标志着数字新闻进入人类文化传播，以数字印刷传播为主，进入融合现代各种大众传播媒体新闻传播的黄金时代，进入数字印刷和现代电子媒体传播的时代。

（三）国际互联网传播

从共同传播的载体角度看，国际网和互联网在同一传播载体上不仅开创了中国人与公民群体的同一传播，同时它也开创了社会大众与公民群体的共同传播。

存在的新传播形式，是传播历史上的又一里程碑。互联网作为先进的通信与传媒技术的汇聚，在新闻传播领域所引发的变革可以说是一场革命。首先，由于互联网增加了公众自由参与传播的可能性，传媒机构也有可能再次成为新闻传播的垄断者。其次，新力量加入以及在新领域竞争的改变，使新闻传播者原有的地位不再局限于新闻传播者的发布、服务或娱乐等信息，还推出了聊天室、宣传牌、公告等信息搜索功能。最后，新闻媒体的内部人员组成也随之发生相应变化，技术人员与经营者之间的比重不断增加，而采编者的比重也在下降。

此外，互联网不但带来了新闻传播的主体与受众之间的变化，而且将各种附在这一新媒体之上的思想带入新闻传播运作的过程中。例如在线信息的采集，把关权分散，全天候的新闻公布，等等。

目前，网络新闻传播媒体受到强有力网络传播的挑战，但网络传播不会因此取代传统的新闻媒体。并且，两者将在未来进行一次强有力的融合。传媒的发展过程并非媒介被依次替代的过程，而是一种依次层叠的过程，每一项技术都能使人的传播功能有一个飞跃。

二、印刷媒介

（一）报纸的产生及意义

（1）报纸是发明印刷技术后产生的，是封建社会末期科技发展的产物。印刷术的发明，导致新闻产品传播的广度与速度都超越以往。这一近代科学技术的产物直接催生了报纸这一印刷媒介的产生。

（2）交通设备的进步，邮政制度的建立，人类聚居和城市的出现，是报社产生的一个重要条件。报纸的投递较以往更为便捷，这客观上促进了报纸这一媒介的发展。

（3）印刷和报纸的诞生也是手工工业和单一机械产业与商品经济的发展结果，同时也是国家统治下的产物。它曾经是国家统治的信使，也曾经是国家统治的一个重要助手。这种依托印刷技术而产生的新媒体，推动了新闻史无前例的一个大跨越，具有深远的历史意义：首先，印刷技术和报纸实现文字传播复制的扩散，改变了手抄新闻低效和笔误，深入阐述了新闻事件，出现深度的报道，丰富了新闻体裁和表现形式。其次它带来科学知识，促进识字普及，推动人类文化进步，教育工作开始繁荣发展，促进了社会的进一步分工。再次，它推动了科技的进步，生产水平提高，促使了近代工业的发展，反过来城市化也有利于报纸发行；广告投放是为报社的生存发展提供所需资金，促进新闻业的发展，也为资本主义发展提供条件。

（二）新闻期刊的特点

作为一种印刷媒体，新闻期刊是与报纸同时出现的，在一定程度上拓展了报纸的深度，使其更具有广泛性，其主要功能体现在：第一，新闻期刊是纸质新闻产品的一种主要形式，多刊登深入的报道、评论和知识小品，廉价的销售促进了发行量；第二，新闻期刊的时事性新闻虽然在时效方面不如报纸，但有相应的深度、广泛性，经常插入精美的图片，对特定读者产生一定的影响；第三，新闻期刊一直以"厚度成就深度"为特色，尤其是在调查性报道、解释式报道和图片性报道方面取得了卓越的成效。此外，新闻期刊评论也具有深远的影响，一些封面报道甚至成为时代的标志。

三、现代新闻传播的革命

（一）电子媒介的感官延伸

电子传播是指利用电讯号、通信线路和接收设备对视听信息进行传播，包括电视和网络等。人类学会运用电子技术，创造出听觉和视觉新闻媒体，极大地扩展了感觉，发生第三、第四和第五次传播革命。电子传播信息的出现具有两方面的重要意义：首先，它使世界变得高度整合，传播由即时性变为共时性，信息的获得与分享变成零时间与零距离；其次，电子媒介扩大了人类的感官范围，传播不仅仅是先前印刷媒介时代的"视觉"感知，而是扩展为"视、听、触"等多种感知。电子媒介带来的这场感官革命，促进了人类对客观世界的认识。

（二）电子媒介的受传模式

1. 广播的听觉模式

1920年9月29日，美国匹兹堡约瑟夫霍恩商场的广告上，卖出了10美元一台的电话。10月27日，美国商务部发放了威斯汀豪斯电台营业许可证，并于11月2日正式开播。这是世界上首家正式广播公司，当天哈丁和考克斯都在播送竞选节目，这种听觉模式的电子媒介具有以下特点：

（1）声音是广播的生命

广播是一种听觉媒介，它是一种基于声音的音频媒介，因此，声音是广播的生命。声音的超强联想赋予广播独特的魅力，可以说广播是一种"声"入人心的媒介。广播有声音上的现场直播，同时，热线也表现了广播对人的沟通的直播。

（2）跨时空、跨地域

广播不受时空限制，时效性极强，可以做到现场实时报道。一个新闻事件的发生，可利用广播在最短时间内传播很远。

（3）广播是一种移动媒介

在3G时代没有来临之前，最便携的媒介形态可以说是广播。一个收音匣子，可以边走边听，受众的受传状态是一种"动态"行进中的状态，这是广播的优势之一。具有特殊的伴随式收听，只占据了感官对信息的部分吸纳，其他感觉也可以做其他事情，无须特别关注，或注意力也可以随时移动。广播的这种无须占用"眼球"却能灵活移动收听的媒介，在城市化加速、人们拥有轿车数量激增的情形下备受追捧。对中国人来说，广播已经不再是农村的大喇叭，也不再是城里的小喇叭，而是车载广播占主流。

2. 电视的视觉模式

1936年8月，英国创立了世界上第一个电视台，11月2日播出第一个电视节目。伦敦奥林匹克展览厅内坐着的几百名观众，第一次看到了魔术般的景象电视。这种视觉模式的电子媒介具有以下特点：

（1）镜像媒介

电视节目以事实为主，现场感强烈，能够直接将事实呈现到观众的大脑中，将镜像注入人的大脑中，是第四场传播革命。电视直接将"事实"展现在观众面前。由观众亲自去看、去观察、去判断。画面与音响画像的绘制再现真实图像。记录的图像、事实具有真切的实感。电视不仅使观众听到记者的口头报道，也能看到新闻人物的形象，看到生活的环境，目睹事件的真相。电视使用声音和图像向观众直接传播，大众有一种置身事件现场的感觉，媒介反映社会、引导社会观念发生了一场镜像革命。社会发展的真实不但表现为真相的重现，也表现为景象的实录与储存。电视向人的大脑注入镜像因素，使人类正在形成"眼见为实"的历史观。

（2）声像兼有，视听兼备

观众在日常观看电视过程中，伴随着各种电视信息图像的生动色彩转换，声音在观众们的听觉中同时也起着重要作用，对电视信息的所有重要含义都会具有深刻性的体会。报纸、广播把事实变成文字或语言意味，是一种转述方式。

读者、听众根据转述了解和想象发生的事件，很难还原事件的真相。记者不可能把事实丝毫不差、绝对准确地转述出来，读者和听众对新闻的感悟也不可能和原来的事实一样，报纸和广播新闻不可避免地带来了某些不确定性。

（3）线性传播，不容选择

电视与广播同属线性传播，在报道与叙述事实的过程中，按照自然的方式传播画面，按照媒体的意愿安排新闻，观众选择变得更为困难。电视传播的声像保存需要一种录制设备，对于普通观众来说，这种表现有一些难度的电视限制性：首先，观众看电视时间及所看的画面，受媒体限制，由电视台决定观看多少，这给一般的观众带来了假象，电视没有播放这一事件似乎并未发生，观众视觉上的看法是：被控制在电视媒体的议程框架中。其次，电视图像是客观照片的拍摄，对报道内容看起来并没有什么变化，观众认为这比其他媒体更真实，如果电视镜头是人为设计的，观众所看到的还是真实画面，无法辨认其虚假性，而且欺骗力更大。最后，由于电视是图像的传播，缺乏对其进行深入阐释的功能，所以只有图像才会呈现出事物。

3. 全感互动的网络模式

互联网起源于1969年由美国国防部创办的一项名为"arpanet"的项目，当时使用了4台计算机进行互联试验。到1977年，网络节点已达57个，连接了100多种类型的计算机。发展到今天，互联网已经成为全球一个无法计算的电脑终端系统。随着技术的不断完善，文字、图像、声音等多种手段的应用，形成了交互、全链接、易复制和高时效的信息量媒介。由于网络在通信、数据检索和客户服务方面有着巨大的潜力，它已经从一种单纯的信息通道转化为一种商业经营模式和生活方式，渗透到人们日常生活中的各个角落。互联网用户的增速正在迅猛发展，21世纪是第四媒体时代。互联网这种基于网络模式的电子媒介,主要有以下特点。

（1）融合了一切媒体的媒介融合

网络作为一种推动传媒全球化发展的力量,将包容所有媒介,使一切传统的媒体都能包容,成为一种自由的、个人的和公共媒介的高度融合。网络将传统传播的特点融合在一起,形成了发散式的传播结构,以非线性的方式向广大观众发送信息。互联网具有一切的传播技巧和类型,既有人际传播组织传递,也有大众传播,是多种方式的综合性传播,是多种方式的集成体,是包容了印刷（打印机功能）、电影和广播电视等功能齐全的信息媒介。

（2）具有多种传播方式

与传统媒体相比,网络传播集中了多种媒体的传播方式,更具个性化,包括人际传播、组织传播和大众媒体,实现了点对点、面对面的新闻传播网络上,国界的差别已经不那么明显了,不同的国家也可以进行直接的交流,加速了全球化的实现。

（3）互联网是受众的高度关注媒介,它是一个受众的焦点

电子媒介的感官革命。互联网实现了点对点、点对面的传播。较之此前出现的媒介、电子媒介的感官形态,它无疑是自由的、个人的和公共媒介的高度结合,对它的感官延伸任何控制都不能改变它的这一本性。它是双向或多向的,并由使用者负责安排如何使用,成为交互的大众新闻媒介。网络新闻的多媒体和互动性可以给受传者以全面的服务,用大量新闻满足他们的需求让其在网上直接交流。通过互联网不仅可以像观看电视一样直接目睹新闻事件及其发展的过程,还可以随时点击反复观看,发表对新闻事件的评论。

除了互联网,基于网络模式的另一电子媒介形态是手机网。手机也具有网络的全感互动模式,而且它加入了"移动"接收的特性。这使得传者与受者的状态都发生了改变。①

第三节　新闻传播的本质与结构

一、新闻传播的本质

新闻本质上揭示了新闻内部的东西。目前,人们的研究更多地局限于新闻

---

① 刘文阁,李强.新闻传播概论［M］.北京:民主与建设出版社,2021:55.

的外在现象，无论认为新闻是新近发生的事实信息，还是重大事实信息，揭示的都是新闻的外观。新闻的本质虽然必须通过它的外在实体去认识，即从认识事实开始，但不能把事实视作新闻的本质。去认识，即从认识事实开始，但不能把事实视作新闻的本质。通过分析事实跨进新闻的本质之门，再返回到对新闻事实的深入探讨，是本节研究的主要任务。

（一）新闻的事象

新闻的事象是构成新闻事实的复合、运动和可感性因素，即每一个最小时间单位都会出现事实，包括记者所能感觉到和描写的事实，可以被记者看到和描写。

首先，事象是构成事实的自然因素，事实一旦出现和存在，就表现为多个事象的复合系统。任何事实都不是无缘由的单一因象，而是一种多因象的组合。事实的因象是各种因果关系产生的迹象，构成事物运动的时空连续性，能被记者的感官所发现和描述。事实独立于记者头脑之外，发现了它只是发现了它的存在，而它的存在则是一种时空转换的聚合。

其次，事象作为事件的现象环，使事实呈现多脉络的现象序列。

最后，事象和事实的本质可能是分离的。事象是事实的外在部分，可被记者感受到，有的事象可能从某一特定联系方面表现本质，有的则不能代表本质。对于记者而言，则是更准确地去感受事实的本质，即不被事象所感，而能够透过现象看本质。通过对事物与现象的多维观察来接近事实本质。

认识和把握事象具有重要意义：首先，任何一条新闻都要通过许多事象再现事实，把事实分解为事象，可使新闻立足于完整的或主要的事实，但又不至于片面地抓住一点而放弃事实的全局感；其次，对事实的若干事象加以鉴别，可以区分哪些事象价值大或较大，认识新闻的关键环节，并能对主要事象进行开掘性报道，从而发现新闻的真实意义；再次，对于若干事象，记者在建设新闻时，首要是对新闻框架背景整体把握，然后围绕主要事象进行事实组构；最后，则是对这些事象协调地排列、组成有价值的事象，使事实的各部分和谐地呈现出来。

（二）新闻的事态

新闻的事态是指新闻中事实总和的关系，表现为事实各种联系的趋向，囊括了多种事实间及现象间的状态和动向，形成以人、事为核心的事态链。

事态指事物的状态，事实指实际存在着的状态，表明事物必然处于一定的状态，而且相互之间必然保持一定的关系……世界的本来面目是事实的总和，而不是事物的总和,即事物必然处于一定的状态,而且是相互联系的。

新闻事态是由事态与物态共同构成的。

(1) 事态包含物态。在事态关系中,经常有一些附加成分出现,即某些物体被人和某个组织所使用,这些事实中的被动物就是物态,包括日用品、生产工具、武器、食品、建筑物、场所或某种自然物。可以说这些物态正是新闻事态的承载物,一定的新闻事态一定是依附于物态之上的,借物态来表达与传递出来。

(2) 事态和物态时时发生"用"和"被用"的关系,构成活生生的事实的现象链。事态离不开物态,任何新闻都是二者的有机结合。在事态关系中,经常出现物态的切入,即某些物体被人和某个社会组织所使用,构成事实中的被动物。物态是日常用品、生产工具、武器、食品或某种自然物,以事态的附加成分出现。没有它们,就不可能构成一定的事实。就人而言,新闻中的人物多是穿衣做事的行为人,只有和某些物打交道,才能构成完整的事态系统。这种相互联系的纽带及其变化,形成新闻的外在结构。

(3) 事态和物态的关系不是单纯的耦合,而是必然和偶然的统一,新闻中大量的事态反映了事实发展的必然性。记者正是由此认识事实的趋向和本质,判断事实的意义。事态和物态从表面上看不是分离的,但它们之间的关系又不是单纯的偶然,而是必然和偶然的统一。记者常常只见人不见物,或只见物不见人,使物态与事态处于离散状态。新闻中的每一现象都是事实本质的某个侧面,记者采访得到的事实大都是片面的、表面的、局部的,更是多变的和易逝的。从事态与物态的总体来说,事象比本质丰富、生动;本质比事象深刻、稳定。好新闻摄录的事实应当反映这两个方面,再现事实的全面联系。

(4) 仅有事态构不成新闻实体,它和物态有机结合,形成新闻的外在形体。记者要再现事实的本质,必须把握事态间这种内在的特殊形式,判断事实的知悉意义。任何一条新闻都要通过一些事象表现出来,而任何事象都是从某一特定联系方面表现本质,新闻建构具备了这一关联才会发生效应。所以,新闻事实揭示的内在联系,让受阅者认识事件的必然性与作用,表现为事象与本质的统一。记者面对事象和本质之间的关系,不能只看一面,不顾另一面。如果只看二者的统一而不注意是否存在对立,就会否认深入采访的必要性;如果只看到它们对立而不重视其统一的一面,就会否认透过事象认识事实本质的可能性,采访就会陷入盲目。

(三) 事实与新闻的要素

1. 新闻事实

事实是指客观存在的事物、事件或现象,通俗地说,就是事情的真实情况,包括原生事实、经验事实、历史事实、现在事实和将来事实。对于新闻报道而言，包括新闻事实和一般事实（非新闻事实）。

事实对于记者的制约表现在多方面：首先，事实具有独立性。事实独立于记者头脑之外，记者发现了它只是发现了它的存在，没有新近发生于某地的事件，就没有关于这一事实的新闻。在记者发现它之前，它以客观事实的形态存在，记者发现它并加以报道后成为新闻事实。其次，事实不以记者的主观认识为转移，记者不按事实的客观存在反映它，就无法正确地反映世界。事实是一种客观存在，记者如果想探寻外部世界的真理，就要准确地发掘客观存在，描述这种客观存在，并按照客观存在的原生样态进行其本质的探究。从这个意义上而言，事实实际上制约了记者的主观想象，客观新闻报道原则则是在这一前提下展开的。最后，事实有外部联系和内在联系，不探求事实的内在联系就无法反映事实的本质。记者要在实践中认真地观察、采访，才能发现和认识事实；记者捕捉事实的主要环节，抓取最能反映事实本质的事象，才能把事实的真实情况再现出来；此外，记者只有注意事实的具体细节和发展过程，新闻才能呈现出客体的事貌；与此同时，因为事实的发生是个时间概念，事实的变化伴随时间的推移，陈述事实离不开时间的转换。

2. 新闻的要素

新闻要素是指构成新闻事实的主要元素，即事实存在的要素，可归纳为主体（谁）、事件（什么）及其发生的时空（何时、何地），以及事件结局（怎么样）和为什么等事象。

3. 新闻要素之间的关系

（1）新闻通过新闻事实的要素再现新闻事实的基本框架，构成每个要素的内容都是事件的细小部分，它们把新闻事件完整地展示出来。

（2）新闻的主体是导入性要素，可以是人也可以是物，回答"谁"或"什么"的问题。

（3）事件是事实主体相互联系、相互作用的状态，通常以时空要素"何时、何地"（when 和 where）表现为主体及环境的相互影响和事实的矛盾冲突。最后显露出"怎么样"（how）这个结局要素。

（4）"为什么"（why）要素是新闻事实的本质。记者掌握了主体行为的归宿和事物的最后走向，有可能或需要的话，还要揭示事实的因果关系，写出"为什么"（why）的要素，展示事实的内在联系，即展示事实的本质。[1]

---

[1] 刘宏，栾轶玫. 新闻传播理论 [M]. 北京：中国传媒大学出版社，2016：35.

二、新闻传播的结构

（一）新闻的形态

新闻的形态是指新闻中的事态、意态及其表现形式的总和，又称新闻的实体。事态与物态的聚合，形成新闻的外在结构，使受众获得感性的外部世界；新闻的意态是指新闻所蕴含的思想，表明事物发展的趋势。新闻的意态是多维的，包含事实的倾向、品类和角度。

一般而言，新闻的实体主要有两种格式：标准的新闻与非标准的新闻。标准的新闻，即消息、通讯，是一桩或几桩事实的有机展示，给人们提供秩序井然的具体事件。非标准新闻没有本报讯或电头，没有导语，叙述事实缺少严谨的结构，各种事实服务于一个主题而随机地展开。事实与分析纵横交错，以表达新闻的意义为主线，例如深度报道、新闻访谈等。

（二）新闻的建构方式

新闻的建构是指记者协调地排列、组构每个事象和事实，使新闻获得一种实体并显露一定的意义，再现新闻的内在联系和外部结构。新闻的建构符合人们认识事实的习惯，就是一种最佳的报道框架。新闻的建构可以概括为以下四个步骤：

（1）确定选择事实的出发点。新闻建构的起点是客观存在的新闻要素，即没有事实做基础，新闻建构就无从谈起。

（2）新闻的基础建构。在确定了选择事实的出发点之后，新闻建构则面临着如何将新闻要素有机组合在一起，按照表现客观事实的需要合理排列新闻事实的内容，清晰地揭示新闻事件发展的脉络。

（3）安排新闻的结构。构建新闻还需合理安排新闻的基本成分，新闻一般由标题、导语、主体、背景和结语组成，需要把这些部分和谐地衔接起来。

（4）不同事实类型的组构。构建新闻要注意有价值的一般事实和新闻事实的穿插，硬事实与软事实的联结，将软事实自然、圆熟地嵌入硬事实中，构成一篇富有生机的报道，是新闻建构完美的重要标志。

（三）事实的品类

事实的品类指事实的品位差异，构成事实引人注目的个性与分量，一般指事实的重要程度、新奇程度、趣味程度、显赫程度。事实的品类是事态具有的若干意义因素,主要有事实的分量品位、相关性品位和反常性品位。

(四) 新闻的意义

新闻建构是基于一系列新闻事实的基础之上的,其目的是形成新闻的意义,意义是影响人们观点的原发动力。新闻建构中的意义传达是通过新闻角度的选择、新闻倾向的表达而逐渐建立的。

(1) 新闻的角度是指新闻事实中由一个或几个事象构成的某种意义的特征,包括主要角度和次要角度,每个角度都是事实某一方面特质的表现。

(2) 新闻的倾向主要是指新闻记者及媒介机构的新闻立场。

(3) 新闻意义的形成。新闻的意义指新闻事实蕴涵的思想,多表明客观事实的趋势,包括媒体表露的倾向、记者对事实的评价以及记者突出事件利害的动机。新闻意义的形成是通过对事实的选择与组构而实现的。

(五) 趋势性事件与构建世界

人类生活的媒介世界大多数是由趋势性事件而非偶然性事件构成的,趋势性事件使得人们对世界的观察有连续性,能获得整体性印象。趋势性事件指记者建构新闻、反映客观世界必然出现的事件。趋势性事件又分为主导趋势性事件和次要趋势性事件。在新闻学范畴中,趋势性事件与非趋势性事件或称偶然事件,是相对的两个概念。

可以按照新闻传播内容划分出三种形态:第一种是事实传播,或者更专业地叫事件传播,只传播事实,不带观点,强调客观;第二种是观点传播,往往是采访有观点的人;第三种是话题传播,通常是针对人们议论纷纷的事情而进行的一种背景式传播,经常有粉丝基础。

从中文字面上看,事实至少有两层意思:一是材料和案例;二是有反驳意向的叙述。换言之,前者是不会说话的死材料,后者是会说话的表述。所谓摆事实,讲道理,事实胜于雄辩,多是建立在第二种事实的基础上。

第四节　新闻传播的原则

一、真实性原则

人类精神活动从根本上说是为了认识世界并改造世界、发展自身，新闻传播活动自然也是这样。新闻传播在人们认识世界的过程中所起的作用，就是提供客观世界的信息，以消除人们认识上的不确定性，进而有利于人们去了解、适应、应对、利用和改造客观世界。人们只有在获得了关于世界的真实情况时，才能做出正确的判断，调整自己的行动。新闻传播的意义也正在于此。相反，如果新闻提供的不是真实的信息，它就可能误导人们的思维和行动，给人们的生活制造混乱，造成精神和物质的损失，进而导致社会机体的失序。正因为如此，真实是人们对新闻的最基本的要求，因而传播真实可靠的信息、坚持新闻的真实性原则也就成为新闻传播者最基本的工作原则之一。然而，在具体的新闻传播实践中，由于种种原因，依然会出现虚假新闻和失实报道，这就要求进一步加大监督力度，从而改善这种损害新闻本原的不良现象。

二、社会公益原则

社会公益原则是由新闻传播的大众传播性质所决定的。新闻传播的服务对象是社会大众，新闻媒介长年累月不间断地传递着大千世界的各类最新信息，对信息内容和传播方式的取舍，必然影响着公众的认知水准和精神境界，从某种程度上可以说，新闻传播塑造着社会精神。坚持社会公益原则，对社会负责，其实也是对新闻媒介自身负责。如果新闻媒介败坏社会美德，终究将败坏自己。

社会公益原则无论在什么意识形态的社会里，都是十分讲究的。我国公开强调这一原则，要求新闻传播无论在内容还是形式上，都要健康向上，都要自觉维护党和国家的利益，维护广大群众的利益。这一点在我国诸多新闻工作文件规章中有明确的规定。资本主义国家也强调这一原则，美国新闻自由委员会曾提出的"现代社会对报刊的五项要求"，其中之一就是阐明目标美德。当然，在不同国家，这一原则的出现方式是不同的，有的出现在新闻法规中，有的出现在新闻工作者职业道德准则中，有的甚至是不成文的公认等，或者兼而有之。① 不管怎么样，社会公益原则是人类新闻传播的普遍性原则，需要严格遵循这一重要原则。

三、客观性原则

新闻的客观性原则是指新闻工作者要按照事物本身的面貌去报道。客观性原则包含两个相关的方面。一方面是指新闻传播者对事实的认知和判断的准确，我们知道，从哲学上讲，所谓事实乃是"人的实践和认识活动对象的客观存在状态"②，如果缺少实践能力，认识水平低下，文化知识缺乏，就不可能准确地把握事实，也就无法真实地报道事实。另一方面是指新闻传播者在报道时所采用的符号化手段能够准确地再现事实。新闻作品必须在何事、何人、何地、何时、为何、如何方面落实清楚。其中何事最为关键，是核心因素。因为新闻是事实的报道，先有事实后有报道，缺了"何事"，新闻就没有了对象和依据，根本无法成立。在新闻写作中，真实性原则要求语言文字的表述要准确，确保与其所报道的事实完全一致。同样，电视新闻的制作也须力戒补录、补拍、嫁接和以导演的手法来"造"新闻，而必须力求同报道对象的原来状态相一致。

四、针对性原则

针对性原则是新闻传播必须遵循的一个重要原则，因为受众对新闻接受行为具有个体化特点，不同的受众个性不同，性别、年龄、经济状况、社会地位、文化水平、政治态度、文化背景、性格气质、人生经历等各不相同，对新闻的接受行为也不同。而且，人们接受新闻的具体目的也不同。这就要求传播的新闻具有针对性。而新闻传播遵循针对性原则，要具备一个重要的前提条件，就是要对不断变化的受众有较为充分的了解。只有对受众有充分的了解，才能谈得上针对性，中国新闻受众研究科学化、系统化、长期化的道路还相当长，希望能够通过不断的努力来改善新闻受众的研究。

五、适量性原则

新闻传播中的适量性原则，主要是指新闻传播中的信息要适度，如果新闻

---

① 李轶，王慧，徐鹏. 媒介融合趋势下的新闻传播及其变革研究［M］. 北京：中国商业出版社，2018：71.

② 陈霖. 新闻传播学概论（第4版）［M］. 苏州：苏州大学出版社，2013：137.

信息过杂、过多，那么大量的信息接受活动会导致受众精神疲劳，带来"信息焦虑"和"消化不良"，同样收不到好的效果。要对适量性原则进行深入的理解，首先要对"不适量"进行了解和认识，一般来说，不适量主要表现在两个方面：一个是信息量不足，一个是信息过剩。

信息量不足主要体现在两个方面：一是异质信息不够，二是高质深层信息不够。异质信息不够产生的原因是中国新闻媒介习惯于顺大流，对新闻的选择以及分析、思考独立、视角独到的不多，导致同质信息累积，异质信息数量明显不足。高质深层信息不够产生的原因是新闻传播讲求快和新，不可能像进行科学研究那样充分挖掘高质深层信息，但受众对这类信息有大量需求。新闻传播者如果仅停留在表层低质的信息传播上，会失去受众，其实质是对受众新闻信息知悉权的无形剥夺。高质信息短少的原因很多，或因被采访对象的阻挠、各种社会力量的干涉，或因传播者本身素质不够等。

信息过剩往往为新闻传播者所忽略，以为新闻信息越多越好。从社会各类信息总体来看，信息要求丰富，新闻信息也不例外。但过剩会带来负面效果，甚至抵消、冲击传播的正面作用。

总之，新闻信息量要做到适度，不能太少，也不能过剩。但目前新闻信息量还没有恰当的可以量化的衡量指标，新闻信息量是否适度离量化还有相当一段距离，但只要新闻传播者有新闻信息适量原则的意识，并随时收集受众反馈，据此调整新闻信息的量，适量传播还是可以做到的。

六、全面性原则

政府媒体执政过程中提供给各方面的事实、意见、立场，不能片面传播和隐藏真相。一方面是社会公共事件的过程说明要完整，情节要详细，尤其是关键的过程与情节，必须做出具体细致的叙述和说明。另一方面，对于有争议的事件和事实，尽可能充分估计和提供各种意见、观点和立场，除了法律限制外毫无保留地向公众和媒体公开。[①]

七、时效性原则

时效性包括时新性和时宜性。时新性是指新闻报道要尽量缩短与新闻发生之间的时间差。具体来说，就是从报道内容上来讲，新闻所反映的事实要新。

---

① 陈兵. 媒体执政 媒体多样化背景下政府对新闻舆论的引导 [M]. 北京：中国广播电视出版社，2011：42.

这里的"新"不仅指事实是刚刚发生的,还包括对过去发生的不为人知的事件的披露和发现。在时间的坐标轴上,每后一点相对于前一点都是新的,新的时间里发生的事件并不都可以(也无法都用来)作为新闻,往往是那些超出常规、不可预测、闻所未闻的事件更为新闻传播者所青睐,也更为新闻受众所期待。时宜性也称适时性,是指新闻报道在快的前提下,也要掌握火候,该压的时候要压一压,以在最适宜的时候传播来获得最佳传播效果。

八、受众最大化原则

受众最大化原则是指新闻传播要尽可能地吸引更多的受众。新闻传播虽然也可以通过人际、组织等形式传播,但现代意义的新闻传播主要以大众传播的形式呈现。可以说,广大受众是新闻传媒存在的基础,失去这一基础,新闻传媒就如无本之木,无源之水。也可以说,广大受众是新闻传播的目的,以自身为目的传播对新闻传播来说是毫无意义的。

总之,受众最大化原则是新闻传播的内在要求,这一原则在新闻业务、新闻事业经营管理等诸多方面引起了一系列冲击。由此可以看出,受众最大化原则有着重要的作用和意义,因此,要求在新闻传播过程中一定要遵循这一重要原则。①

---

① 张涛. 融媒时代新闻传播及其变革探析 [M]. 北京:中国商务出版社,2019:31.

第二章 新闻传播的要素

新闻传播的要素是指在新闻传播过程中必不可少的部分，如果缺少其中一个，传播就无法进行。本章对新闻传播者、新闻传播的受众、新闻传播的媒介、新闻内容以及传播效果进行了研究。

第一节 新闻传播者

一、新闻传播者的角色定位

（一）新闻传播者的基本角色

新闻传播者的基本角色是新闻信息的传播者和为公众服务的社会活动家。新闻媒体是"信息流通的动力"。面向大众的新闻传播者，是令信息流动永不停息的推动力，是新闻传播过程中最活跃的因素。受者所获知的各种信息，都是由新闻记者给定的，因此，记者又是新闻信息流通量和流向的控制者。

在传播活动中，新闻传播者的基本角色具有隐形性、依附性、追加性和完善性等特征。

（二）新闻传播者的派生角色

如果说，基本角色的形成和认定，是属于形式逻辑定义规则的话，那么派生角色的产生就是辩证逻辑的任务。

当新闻传播者的社会活动与社会生活的其他层面发生联系时，他的派生角色就变得复杂多变，其中新闻媒体生存的政治制度和经济环境，决定了他的派生角色特征。在公有制为主体，多种所有制经济共同发展的社会主义中国，新闻传播者的派生角色通常体现为以下几个方面：

1. 党和政府决策指令的传播者

新闻传播者的根本任务就是全心全意为人民服务，为社会主义两个文明建设服务。新闻事业作为社会主义国家的大众传播机关，是党和政府的耳目喉舌，肩负着上情下达和下情上达的重大使命，是社会公众与决策机关联系的纽带与桥梁，新闻记者作为社会信息的传递者，不仅传递消息，而且传递意见，反映社情民意。政府、政党、集团有赖于记者而能向下向外发布政令、政策、意图，同时倾听下级、基层的呼声、意见、建议。基层、民众、外界有赖于记者而有了向上级、政党、政府呐喊、呼唤、反映的通衢。在功能健全的条件下，记者成为社会实现意见交流与沟通的纽带。

2. 人民群众的忠实代言人

社会主义国家的新闻传播者以为人民服务为宗旨，肩负着维护人民群众根本利益的崇高职责，要与人民同呼吸，共命运，真实准确地反映人民群众的呼声和愿望，是人民利益的表达者和捍卫者。做一名合格的新闻传播者，就是要永远和人民大众心心相连，做人民大众的忠实代言人。善于准确把握群众所思、所想、所盼、所怨，敢于直面群众关心的民生问题、热点问题，及时反映群众意愿和诉求，切实保障人民的知情权、参与权、表达权、监督权，切实维护好人民群众的合法权益和根本利益。

3. 社会历史发展的真实记录者

新闻传播者的职业特征，决定了他是社会历史事件的见证人和记录者，对人民负责，对历史负责的历史责任，赋予新闻传播者特有的社会地位，人民群众期待其对社会经济发展和社会事件作忠实的报道。

4. 时代尖兵和文化传播的使者

新闻媒体又是"社会民众的教师"。从历史看，新闻传媒是文化的传承物，记者是人类文化的传播者与保存者。从功能看，记者是精神文明的传播者。新闻媒介是课堂，记者是其中的教师。新闻传播者经常活跃在社会生活和生产的前沿，站在时代的前列，以自己敏锐的洞察力和超前的意识，为社会发展趋势把脉，为人们的生产和生活，传递最新信息，以积极向上的人生态度创造精深产品，鼓舞、引导社会公众，推动社会前进。同时，他也是传递文化信息，讴歌文明成就，播撒文明种子的使者。例如，流行文化得益于媒介全球化的发展，今天人们足不出户，便可以通过家庭影院观看好莱坞的大片，通过电视现场观看维也纳金色大厅的新年音乐会，通过网络了解世界各地的风土民情，同时，媒介全球化的发展也为弱势区域的人们带来了福音，极为丰富的文化养料通过媒介的传播为人们思想的启蒙与开化奠定了基础。沐浴在文化传播的春风里，人类的互动达到前所未有的畅通。

5. 社会监控系统的实施者

新闻媒体是"监督权力的镜鉴"。① 就社会管理手段而言，如果说国家机器是社会管理的刚性手段，那么新闻与大众传播等意识形态领域就是社会管理的柔性手段。新闻媒体及其传播者除了具有沟通信息的基本功能外，通过自身报道的公开性和强大的社会影响力，它还扮演着社会管理或监督、控制和调节系统的作用。其中，最突出的表现形式就是新闻舆论监督。新闻舆论监督是保障国家长治久安的重要手段，也是公民参政议政的主要渠道，在社会监督领域，它是法律监督、行政监督、政治监督的重要补充，它既可以影响决策机关科学化运作，也是消除社会丑恶现象的净化手段。新闻传播者是人民的代言人，自然就是新闻舆论监督的具体执行者。

二、新闻传播者的职业素养

（一）政治素养

新闻传播者的政治素养包括：能够把握历史发展的客观规律，树立科学的世界观和价值观，立场坚定，坚持真理，捍卫真理；能够熟悉国际形势和国内形势，保持清醒、冷静的政治头脑，能够在复杂的国际国内形势面前辨别方向，秉笔直书；具有强烈的人文精神和平民意识，能够深入群众，和人民同呼吸、共命运，不做生活的旁观者。

民主与法治是和谐社会的重要内容，是人类文明发展的主要方向。我国新闻传播者应该努力传递民心民情，帮助人民依法参政议政，始终把国家和人民的利益放在第一位，引导人民思考国家发展的重大问题，为国家的民主与法治建设贡献出民间的智慧。目前，国内的一些优秀媒体就是站在国家和民族的长远利益的高度，对广大读者进行精神启蒙，努力通过客观的新闻表述和理性的逻辑论证，帮助中国人民提高公民素质，推动国家的发展和进步。着重强调社会责任感和对人类的终极关怀就是最好的政治素养，就是使新闻事业拥有权威性和公信力的可靠保证。

（二）业务素养

新闻传播是一项实践性、操作性很强的社会工作，所以，新闻传播者要想做好这项工作，必须要有很强的业务素养和业务能力。随着社会生活的不断发

---

① 刘京林. 新闻心理学原理 [M]. 北京：新华出版社，2012：283.

展和进步，人们对精神文化生活的需求越来越高，新闻传播者作为精神文化生产的重要领域，必须不断提高产品的质量，这样才能满足人民的需求。目前新闻传播者的业务素养主要包括以下几方面的内容。

第一，新闻传播者应该具有很强的社会活动能力。新闻传播活动整天要和不同的组织和个人打交道，需要介入各种意想不到的事情，需要先于他人感应和捕捉新的变化、新的信息。正因为如此，新闻传播者需要很强的交际能力，学会在广泛的交往中延伸人脉，广结朋友，获得丰富的信息来源，先人一步得到宝贵的新闻线索。

第二，新闻传播者应该具有很强的新闻敏感性。新闻敏感是指新闻传播者从丰富多彩的社会生活中敏锐地捕捉新闻线索、迅速地判断新闻事件价值的能力。世界每天都在不断地运动变化，产生的信息数量无穷无尽。面对扑面而来的滚滚信息，新闻传播者不可能什么都报，他们必须要根据大众的需要，选择对公众最有意义、最有价值的新闻加以报道。有些记者对一些平淡无奇的小事大惊小怪，对一些影响深远的大事却不甚敏感，甚至是麻木不仁；还有记者把每天的工作当作生活的惯性移动，机械地采访，强迫自己"作文"，然后进入新闻生产线，得到自己的"公分"。自己写的新闻不能让自己有所感触，不能让自己有所震撼，又怎么能够感动受众，面向公众传递信息呢？

第三，新闻工作者应该具有很强的调查研究能力。新闻事件并不都是在公开的环境下发生，在现实生活中，往往有很多事件，因为各种主观与客观的原因，被人们忽视，或被人们隐瞒，甚至动了手脚，进行了歪曲。对这类事件，新闻传播者需要独立地开展调查研究工作，搜集大量第一手资料，核实现有资料。当前，社会利益盘根错节，新闻传播活动往往会牵涉到不同利益集团的利益，新闻工作者为了保护公共利益，客观、准确、真实地传递新闻，必须展开艰苦的调查研究活动，甚至有时还要在遵守法律法规的前提下，进行必要性的隐性采访。

第四，新闻传播者应该熟悉新闻生产的整个业务流程，从新闻生产的角度看，新闻业务包括采访、写作、编辑、评论、播音等环节。任何媒体的新闻传播者，都应该熟悉本媒体的主要业务流程，全面掌握多方面的业务技能。如报社的编辑不仅要学会编辑排版，还应该具有采访写作的能力。记者则需要熟悉编辑如何制定编辑方针、如何选稿、怎样排版等业务。同样，在电台、电视台工作的编辑、记者、播音员，也应该打破岗位的界限，熟悉不同岗位的业务。对于整个新闻传播工作来说，语言是新闻传播者谋生的重要工具，所以新闻传播者应该具有很强的语言驾驭能力，这种驾驭一方面是对书面语言的驾驭，另一方面是对口头语言的驾驭。

第五，新闻传播者应该努力学习和运用现代科技手段。随着科技的发展和人类的进步，新闻传播事业对现代科技手段的运用越来越多。对新闻传播者来说，他们在新闻活动中需要用到数码相机、摄像机、数据库、海事卫星电话、电子照排、录音笔等一系列新型采访、记录和播出工具，这些现代科技手段的运用大大提高了新闻传播的效率。同时，新闻传播者还应该掌握现代交通工具的驾驶技术，如摩托车、汽车、汽艇等。当然，个人能力永远赶不上科技发展的步伐，新闻传播者应该具有较强的科技敏感性，能够在各自的岗位上，根据工作需要迅速掌握能够用到的科技手段。

（三）理论修养

具有良好的理论修养，是新闻传播者做好本职工作的前提和保证。过去我们谈到"理论修养"，往往有特殊的内涵，专指马克思主义理论水平，而把对文学、史学、哲学等各门知识的掌握称为"知识修养"。这种带着政治色彩去划分"理论修养"和"知识修养"的方式，显然是不合适的。知识是人们在改造世界的实践中所获得的认识和经验的总和；理论是人们在实践中概括出来的关于自然界和人类社会的知识的有系统的结论。所以，理论应该是知识的逻辑化、体系化；知识是理论的基础，理论是知识的升华。根据现代传媒事业的发展，新闻传播者具有理论修养应该包括以下几个层次。

第一，新闻传播者应该具有更广博的基础知识，能够做到"杂"与"专"的统一。新闻传播者要和火热的社会生活打交道，为对社会生活的各个领域有尽可能深入透彻的了解，必须具有相当广博的知识面，包括古今中外、天文地理、自然科学、人文科学以至风土人情、民俗俚趣等方面的知识。

第二，新闻传播者应该具有较高的马克思主义理论水平，能够运用马克思主义的基本原理和基本观点观察、分析客观事物。我国的新闻传播事业是社会主义新闻传播事业，党和政府历来要求新闻传播者认真学习马列主义、毛泽东思想。改革开放以后，新闻传播者还要学习邓小平理论、"三个代表"重要思想和科学发展观、中国特色社会主义理论体系。这些理论是马克思主义在不同历史发展阶段形成的标志成果和理论精髓，新闻传播者只有学好这些理论知识，然后在实际工作中融会贯通，才能增强社会主义新闻事业的党性和战斗性。除了熟悉马克思主义经典理论外，新闻传播者还应熟悉党和政府的方针、政策、路线，熟悉不同历史阶段党和国家的中心工作和任务，这样才能深刻了解中国国情，正确把握改革开放以来中国社会翻天覆地的变化。

第三，新闻传播者应该具有怀疑精神、创新精神，敢于冲破保守势力的束缚，对公众进行精神启蒙。新闻传播者并不是学好了各门知识、具有了一定的业务能力就能够为公众服务。精神生产特别强调创新,人类进步需要对旧观念不断突破。新闻传播活动是社会变革的重要力量,新闻传播者应该具有怀疑精神和创造精神,敢于坚持真理,对公众进行精神启蒙。

(四) 道德素养

新闻传播者是信息流通的动力,他们需要以最快的速度采集到公众满意的新闻,但是新闻传播者也是社会人,在工作中首先应该遵守社会公德,不能自以为是、摆架子、制造事端。现在个别记者为了捕捉到所谓的"热点新闻",常常希望天灾人祸更大,这样才有"猛料"去"炒"。新闻传播工作含有巨大的道德成分,所以新闻传播者应该具有极强的责任感和同情心,保持对新闻界理性的执着信念。新闻工作要分辨出什么是正义、什么不是正义,并唤醒公众在不正义的现实中建设正义的制度。

第二节　新闻传播的受众

一、受众的含义

对新闻传播中的接受者,通常称为受众,有时也被称为受传者、阅听人等等。受众是新闻信息流程的终端,是媒介产品的消费者,也是对信息、媒介以及传播者的最终检验者与评判者。受众是新闻传播活动中的又一个活跃的因素,是新闻信息传播过程中积极主动的参与者,是不可忽略的反馈信源。

在新闻传播领域,受众是新闻信息传播流程中的终端,是新闻媒介及其承载信息的消费者,又是对于新闻媒介、新闻信息和新闻传播者本身的检验人。受众是新闻传播系统中的一个复杂的子系统,他们是新闻信息的受传者,又是反馈信息的发布者。如果他们把自己所收受的信息进行加工制作之后再次转传于他人,他们则成为下一级传播(通过人际传播或大众传播)的起始者。总之,受众是新闻传播活动中的积极能动的行为主体。

二、新闻传播受众的特征

(一) 人群范围的广阔性

就受众的人群范围来说,可以说是无所不包的。我们可以给它用一个简短的语句来表述就是，凡具有社会交往能力的人，全都在新闻传播受众的范围。实际上，受众人群的广阔性也是随着人类新闻事业的发展而逐步扩大起来的。印刷术的发明和广泛的应用，促进了报纸的产生与兴盛，而报刊的发行尤其是商业化报纸和大众化报纸对于市场的开拓，完全打破了原来只有少数人占有的文化和信息传播与接受的特权。随着报纸由上层垄断而进入寻常百姓之中，大量的普通读者涌进了新闻接受者的行列。后来，电子媒介的问世，几乎使新闻传播波及全球的各个角落。如果说大众化报纸的出现表明普通人在通讯界的地位得到了承认，那么，电子新闻传播媒介则是把每一个普通人直接带到了新闻传播的接受范围。新闻传播的受众的含义已无特别的限制，它几乎囊括了社会中所有的人，或者更准确地说是包括所有具有最基本的社会交往能力和文化接受能力的人。

当然，受众范围的广阔，并不等于每个人都是事实上的受众。一般来说，受众又有着现实受众与潜在受众之分。坚持接触和利用新闻媒介的人是新闻传播媒介的现实受众；具备健全的阅听能力而尚未接触全部或部分新闻传播媒介的人属于潜在受众。新闻事业的目标就是要尽量把这些潜在受众最大限度地改变成现实的受众。

（二）社会阶层与文化成分的差异性

人类社会自产生了私有制以来，人们在社会中的地位就出现了种种差异。这种差异主要体现在经济地位和政治地位上。而处在不同的政治地位和经济地位上的人，在思想观念和信息需求上是有着重大差别的。尤其在现代生活中，受众既作为一个独立的行为主体，又总是某个阶级、阶层、组织和社区中的一员。他们既有一定的生活经验，可以对自己所接触的媒介和信息独立地做出有独立见解的评价，又可能会受到其所在阶级、阶层、组织和社区的共同立场和价值观念的影响和压力。因而，新闻传播者对于广大受众的这种社会阶层的差异性，尤其是由此产生的社会立场和价值观念的差异性，应该有充分的了解。

人们社会地位的差异，甚至生活区域的差异，以及民族环境和地理环境的差异，对于人的文化素养和文化层次的影响是直接的。如果从整个新闻业所共同面对的所有现实的以及潜在的受众范围来看，他们在文化成分的组成上是十分驳杂的。而且，最主要的是由于受众的文化素养和层次的不同，也就决定着人的文化观念和生活习俗的不同，因而其对于新闻信息的需求也就必然有着明显的分野。根据这样的特征，新闻传播媒体的读者定位是十分重要的，而同时媒体对于潜在受众的开发和争夺也是必不可少的。这就特别需要研究受众的文化构成问题。

(三) 对新闻接受的期待性与选择性

新闻传播活动之所以能够存在，新闻事业之所以能够产生，首先是因为人们有着对于新闻的需求。按照现代新闻理论的解释：接受，是对一种事物和观念的容纳，又指接触信息传播后可能产生的反应。而能够容纳与收受的前提则是需求，受众由于缺乏某种信息才产生收受这一信息的动机，动机是一种被意识到的需求。而这样的需求又常常直接表现为一种心理期待。也就是说，人们在自己的日常生活中，总是希望能够不断地看到和听到一些新鲜的事物或者得到一些新鲜的信息。这样的心理期待，有些是出于对自己切身利益的关心，也就是希望知道社会上和自然界一些可以直接影响自己的现实生存以及未来发展的事物和情况的变动；而也有一些则只是出于好奇心。尽管那些新近发生的事实与他们自己的生活和工作毫不相干，但他们仍然有着及时了解的期待和愿望。这就是人类天然的一种求新求变的兴趣心理所决定的。新闻传播者必须充分了解受众的这种自然兴趣，尽量满足他们对事物的好奇心并及时反映与他们的切身利益密切相关的信息，这样新闻传播活动才能有更好的效果。

新闻心理学中有一个专门术语叫作"选择性接触"，又称为"选择性注意"，指的是注意的指向有选择性地集中于某一特定的对象，而同时离开其他对象。具体地说，就是当人们同时接收两个以上的信息刺激时，不可能对每个信息刺激都做出相同的反应，只能有选择地注意和接受。注意集中就是一个取舍的过程，没有取舍也就没有集中注意。所以，人们的这种选择性心理，决定了他们对媒介取舍和对新闻信息的取舍的必然性。这是新闻传播受众的又一大特征。

一般来说，受众在接触信息时，会自觉和不自觉地注意那些与自己原有观念、态度和价值观相吻合的信息，或自己需要与关心的信息。这种依据自己的需求和态度对新闻媒介、新闻信息的取舍，称为受众的选择性接触。受众的这一特征表明，对一个具体的受众来说，是不可能去接触所有的媒介，也不可能去接受所有的新闻信息的。一定的媒介和一定的信息，只能和只需要满足某些特定的受众。

三、新闻传播受众的权利

(一) 知情权

知情权又称公众信息权、获知权、知晓权、了解权、知的权利，是指公民拥有获取有关社会公共领域信息以及本人相关信息的权利，尤其指公民能够通过公开的渠道公平地获取他们需要的信息的权利，是公民享有的一项不可缺少的基本人权，也是公民实现其他权利的基础和前提。人民管理国家的途径主要有两个：一是通过选举选出自己满意和信任的政府；二是监督政府，即通过政务信息公开，及时了解政府行政行为。① 公民的知情权必须与政府的信息公开化相呼应。因此，建立完善的信息公开制度，是实现公民知情权的重要前提。

知情权是公民实现其他权利的前提，是现代国家民主宪政的前提，是人民当家做主、对政府、社会实施监督的前提。在新闻传播领域，知情权主要是受众对上述权利的获取，特别是获取公共生活信息的权利。

随着社会的不断进步和媒介技术的发展，信息以越来越快的速度出现在大众面前，而大众对信息的需求也越来越迫切。越来越多的受众不满足于只对事实真相的部分信息的知晓。对于这种认知失衡的心理，受众需要了解更多具体的、客观的事实来弥补，否则就会导致一些不良后果。因此，受众对信息知晓的权利意识越来越强，他们开始运用自己的权利主动去参与社会的事务并行使自己知情权。新闻传播媒介作为职业化、专门性的大众信息传媒，有权利更有责任和义务保障和实现公民的知情权，开拓公共信息资源。从这个意义上来说，知情权是现代媒介的核心问题，也是新闻传播学所要研究的核心课题之一。

（二）表达权

从一般意义上说，表达权又称表达自由。在新闻传播领域，主要就是指新闻传播媒介的表达自由和受众通过新闻传播媒介表达自己意见的权利和自由。网络的普及与发展，为人们提供了一个表达言论的新平台。网络的匿名性、开放性等特点促使越来越多的受众在这个平台上发表自己的看法、提出自己的意见，参与热点事件的讨论。

（三）批评权和监督权

受众借助新闻媒介对政治、经济、文化等各公共领域内的部门和各项活动依法行使批评和监督的权利，即受众借助媒介行使的舆论监督权。这部分权利也是公民基本权利的组成部分之一，是受众针对新闻传播媒介的活动所行使的批评和监督的权利。我国宪法中明确保障公民对国家机关及其工作人员的公务活动的批评建议和监督权，针对我国新闻传播媒介的特有属性，公众有权依法监督其活动是否符合社会公共利益。

---

① 高卫华. 新闻传播学导论［M］. 武汉：武汉大学出版社，2011：185.

社会公共生活的信息属于社会公共资源，事关公众利益，带有公共性，新闻媒介作为专门性的社会信息系统的重要组成部分，整合和传播公共信息是其重要的且无可推卸的责任。在这个特定层面上，无论任何国家、任何属性的媒介都带有一定意义的"公共性"，应当属于受众监督的范围之内。因此，对于媒介的批评权、监督权不是媒介自上而下赋予受众的，而是受众作为公民自然应享的权利。在当今世界性的媒介商业化浪潮中，商业性有日益威胁、损害媒介公共性的势头，这对于强调和坚持受众对媒介公共活动及其公益性的批评和监督显得尤为重要。受众通过运用自己的权利，对媒体及传播质量进行及时有效的批评和监督，能够促进新闻传媒增强服务意识，提高服务质量，改进工作的方向，加强同公众的联系。

受众的权利还包括其他很多方面的权利，但知情权、表达权和监督权在任何时候都是媒介受众权力的核心。①

第三节 新闻传播的媒介

一、媒介含义

媒介一词，曾见于《旧唐书·张行成传》："观古今用人，必因媒介。"在这里，媒介是指使双方发生关系的人或事物。其中，媒字，在先秦时期是指媒人，后引申为事物发生的诱因。《诗·卫风·氓》："匪我愆期，子无良媒。"《文中子·魏相》："见誉而喜者，佞之媒也。"而介字，则一直是指居于两者之间的中介体或工具。在英语中，媒介"media"系"medium"的复数形式，它大约出现于19世纪末20世纪初，其义是指使事物之间发生关系的介质或工具。这种广义的媒介，不仅在人类的日常生活中时有所闻（如，蚊虫是传播疾病的媒介、绣球是传递爱情的媒介），就是在传播学著作中也屡见不鲜。在麦克卢汉的笔下，媒介即万物，万物皆媒介，而所有媒介都可以与人本身发生某种联系，如：石斧是手的延伸、车轮是脚的延伸、书籍是眼的延伸、广播是耳的延伸、衣服是皮肤的延伸等。

传播媒介大致有两种含义：第一，它指信息传递的载体、工具或技术手段；第二，它指从事信息的采集、加工制作和传播的社会组织，即传媒机构。这两

---

① 高卫华. 新闻传播学导论[M]. 武汉：武汉大学出版社，2011：188.

种含义指示的对象和领域是不同的,这里的媒介是指传播的工具或技术手段。

二、媒介发展历程

从媒介发展的角度看,人类传播的历程大致可分为五个阶段,即口头语言时代、文字书写时代、印刷媒体时代、大众传播时代和网络传播时代。网络传播可称为人类传播的第五次重大革命。而人类传播的第五次革命,又主要表现在传播媒介的发展上,因而可以说是媒介发展代表了人类文明的进步程度和社会历史的先进程度。[①]

(一) 口语传播时代

在人类还没有完全与动物彻底分离的时期,那时的传播媒介只能是靠本身的动作,或者叫作"体语",这种原始状态的传播是由古人类的生理局限导致的。在远古时代,人类不具备"说话"的基本生理条件。也就是说,他们虽然已会发声,但不会"说话"。能够"发声"的生理能力,却也恰恰源于那时的"人"已经有了传播和交流的欲望,只是距离可以准确表达意思的"说话"能力,还路途遥遥。

随着古人类各种生理机能的不断进化,传播与交流的欲望和需求也在不断发展,最终为语言的诞生奠定了基础。语言不但成了人类与动物的最早的分界,而且使人类有了最早的交际与传播的工具。语言的产生,标志着人类已经学会把声音和它们所指的对象分离,拥有了可以随处可带和用来在一切地方都指同一样东西的声音符号,而无须指着对象或站在对象旁边,从而摆脱了亲身传播时代人的信息传播对"具体对象"的依赖,极大地扩大了传播范围,丰富了传播内容。这就是人类的第一次传播革命。

(二) 文字传播时代

在第二次传播革命中,人类发明了文字。口头语言传播给人类传播带来了许多方便,但是口头传播的传受双方必须同时在场,而且口头语言传播又有"转瞬即逝"的特点。随着人们之间交往活动范围的日益扩大,为了形成更加复杂的社会组织,也为了传承知识和经验,人类又在传播的媒介形式上进行了更大规模的创造。于是,各大古代文明先后发明了文字。这使人类在"学会把声音和它们所指的对象分离",即发明了语言之后,"又学会了把声音同发出声

---

① 耿思嘉,高徽,程沛. 新闻传播与广告创意 [M]. 长春:吉林人民出版社,2019:29.

音的人也分离开"。① 于是，媒介的功能产生了更大的延伸。文字是记录和传达人类语言的书写符号，是得更多的人在更大范围和更长时间内进行交流和传播的新工具、新媒介。它的产生是人类进入文明社会的重要标志。

（三）印刷媒体时代

第三次传播革命就是印刷术的发明。用印刷手段传播信息，克服了书写传播用手工书写难以大规模复制信息的局限性。在这之前，由于媒介笨重、符号复杂、复制困难以及传播垄断，书本知识只被少数人掌握，竹简、帛书、邮报等书写媒介也只能在上流社会中传递。印刷术给整个人类社会的发展带来了巨大的影响。利用印刷术，人们可以大量地、高效率地获取信息，一本书可以精确地复制，成批生产，文化因此得到了更为广泛的传播。印刷术的产生和流传还打破了少数人对知识的垄断，加速了新思想、新观念在更大范围内进行有效的传播，进而在西方引发了文艺复兴，并导致了工业革命。而随着印刷技术的发展，报纸等新闻出版物很快就在全世界普及开来。

（四）大众传播时代

电讯技术的发明，引发了第四次传播革命，也使人类社会开始真正进入了大众传播时代。大众传播时代的到来首先是由于大众化报纸的出现。由于工业革命带来的造纸、印刷、交通等领域的一系列巨大变革，极大地降低了报纸的生产成本，提高了报纸发行的数量和速度，为报纸的大众化奠定了物质基础。从20世纪三四十年代起，美国、英国、法国等相继进入大众化报纸时代。之后，又出现了广播和电视这两类大众传播媒介。广播的产生，标志着电子媒介时代的来临。到1936年11月2日，世界上第一座电视台——英国广播公司（BBC）电视台正式开播，电视新闻媒介正式产生。至此，大众传播时代真正来临。

在人类的第四次传播革命中，以广播和电视为主体的电讯传播，不仅彻底突破了时间和空间的界限，使信息传播瞬间万里，而且摆脱了印刷传播中必不可少的物质载体（书、报、刊）和运输工具等方面的束缚，为信息传播开辟了一条更加便捷、高效的空中通道。同时，电讯传播也不像印刷传播那样是将人推向信息，而是将信息推向人。接收印刷媒介中的信息，最起码的条件是识字，而接收电讯媒介中的信息，只要懂得口头语言就可以。因此，电讯传播是在没有识字需要的情况下，为人类提供了超越识字障碍、跳入大众传播的一个方法。

---

① 耿思嘉，高徽，程沛. 新闻传播与广告创意 [M]. 长春：吉林人民出版社，2019：30.

大众传播时代的到来，从根本上改变了人类的信息传播方式，并深刻地影响了整个人类社会的发展进程。

(五) 网络时代

网络传播的出现被称作第五次传播革命。网络传播也被称为互动传播，它是以电脑等数字信息处理终端为主体，以多媒体为辅助的，能提供以交谈方式来处理包括捕捉、操作、编辑、存贮交换、放映、打印等多种功能的信息传播活动。由于网络传播是把各种数据、文字、图示、动画、音频、图像以及视频信息组合在电脑上，并以此互动，所以一般以1946年埃克特等人研制成功的世界第一台通用电脑主机埃尼阿克的诞生年，作为第五次传播革命的纪元。美国于1969年实现电脑对接，又于1980年建成互联网络，1994年各发达国家纷纷提出"信息高速公路计划"，中国亦及时跟进。近年来，电脑更新换代越来越快，体积越来越小，造价越来越低，而功能却得到了全方位的拓展，操作也日趋简易化、人性化。而随着移动互联网的迅速普及，网络传播正在经历更具革命性的变革。在这一次的传播革命中，电脑已不再是唯一的互联网接入终端，以手机为代表的各类移动设备成为引领传播革命的先锋。而这些数字信息处理终端加上各种软件和多媒体的广泛应用，无疑已经成为人们综合处理人际传播、组织传播、大众传播的主要媒介。人类已经进入信息社会，并将进入一个综合传播的新时代。

三、新闻媒介的功能

(一) 沟通情况，提供信息

人们接触新闻媒介，为了获得有用的信息，了解客观世界的变动。任何一种新闻媒介，如果不提供人们需要的信息，或者没有足够的信息量，充塞着老话、套话、空话、大话，那么就不可能受到人们的欢迎。从这一点上来说，新闻事业是依赖"沟通情况，提供信息"而生存的。[①] 如果不给社会提供有用的信息，新闻事业就没有存在的理由。

新闻通过沟通情况提供信息对社会产生影响，其主要原因是：新闻有时会夹带从未透露的新闻；有些评论传达政党或者政府的新观点，新精神；评论的措辞、语调显示一个政党或者政府对某个事件的态度看法。

---

① 王援. 新闻学概论 [M]. 成都：电子科技大学出版社，2017：90.

（二）进行宣传，整合社会

新闻媒介的宣传功能是多方面的。而且现代社会能产生巨大的影响力，它要阐述国家发展的目的和社会理想，从而力图把整个民族的力量凝聚在一起，实现共同目标和理想。

它不断地分析政治、经济形势，解释国家的重大方针、政策，实行舆论导向，保证政令的畅通，把人民群众的注意力集中到国家的发展上去。

（三）实施舆论监督

没有监督的权力必然是腐败的权力，舆论的监督范围是广泛的。它监督法律条文的制定和政府重大决策的民主化、科学化，使其符合法定的程序；监督国家法令和政府纲领的执行、实施；监督国家所有公务员遵纪守法、勤政廉政；监督市场运行得公开、公正、公平。

（四）传播知识，提供娱乐

新闻媒介不是教科书，他们所传播的知识，主要是和当前的生活、生产、工作密切相关的，以及科学技术上的新发现、新创造，社会科学的新探索，新观点、新材料，从而使人们不断了解社会文化的发展。

第四节　新闻内容

一、新闻内容的特点

（一）商品性

新闻传播内容的商品性是指新闻在传播过程中具有商品的特性，即新闻是一种特殊的商品，一种精神产品。在传播新闻时，新闻传播者不仅要考虑它的经济效益，还要考虑它的社会效益，而且要始终把新闻的社会效益放在第一位。

（二）倾向性

新闻传播内容的倾向性是指新闻传播者在所传播的新闻内容里表达了其显性的或是隐性的倾向性。媒体的倾向性体现新闻传播价值原则中的立场原则，指的是传播主体会以自己认为的公正的原则,特有的利益原则和立场原则去选择报道内容和形式,去表达自己的传播倾向,即媒体报道新闻事实的目的,不只是在于传播新闻事实之信息,还在于通过对新闻事实信息的各种处理而"说话"。

(三) 指导性

新闻传播内容具有指导性。新闻传播的目的不仅是传播新闻,还是通过新闻传播达到指导受众如何认识错综复杂的社会现象,从而正确从事社会活动。在新闻传播过程中,新闻的指导性可以是直接的、明显的,也可以是间接的、潜在的。新闻传播,就是对新闻信息进行收集、选择、加工、提炼的活动。有学者指出,"三网融合"这一重要决策对传播领域的可能产生的影响是无法估量的。但是,可以推测的是,"三网融合"不仅会给受众带来更多具有新媒体时代特征的内容产品,更会带来许多新的、甚至是今天还未见端倪的内容产品与互动体验方式。在有了免费网络之后,人们之所以还要付费购买报纸或其他的内容产品,之所以在获知市场数据之后还要关注媒体的报道,原因在于,人们不是一般地购买信息,而是购买专业选择结果,购买传媒提供的对市场情况、政策变动、发展趋势的解读。[①] 在经济波动期,解读成为最有吸引力和最有价值的内容产品。因此,能否提供足够的选择结果和解读,也成为区分传媒综合素质高下的一种考量标准。

二、新闻事实

(一) 新闻事实的含义

新闻的事实是由记者挑选出来,并以一种方式传达的。它脱离了现实的自然形态,具有人造加工痕迹,并带有一定的价值观念。新闻事实,相对普遍的事实来说,不仅是指具有新闻价值的事实,还指通过媒体进行大众报道的事实。新闻事实应该是客观事实的精确反映,但由于认识和方式的局限,它们之间存在着以下几个情况:一是新闻事实拨开客观事实的迷雾,真实地反映了客观事实的原面目。二是新闻事实精确地反映了客观现象的原貌。三是新闻事实扭曲了客观的事实。四是由新闻事实组成的"人为环境",与客观事实所构成的环境相去甚远。

---

① 高卫华. 新闻传播学导论 [M]. 武汉:武汉大学出版社,2011:61.

（二）"用事实说话"的重要性

"用事实说话"是指在忠诚地报道事实的基础上，通过适当地选择和表述事实，巧妙地反映传播者的观点和看法，以及报道原则。"用事实说话"成功的关键在于，不是通过作者的直接议论，而是通过精心选择的事实，运用事实的逻辑说服力，充分而含蓄地表现作者的倾向，它所表达的是无形意见。[①] 用事实说话，寓情理于事实，符合人们对新闻主要信息的需求，以及新闻与事实信息的交流情况，达到了信息交流和分享目的的基本特征，从而潜移默化地影响新闻的收受者，并更具说服力。用事实说话，不仅要巧妙地展开事实、铺叙事实，还需要下力来发现和捕捉会说话的事实，即内涵逻辑上的说服性事实。"用事实说话"，是记者成熟的标志，在需要他表明立场与倾向的时候，能够拿得出有说服力的事实，自己会"说话"的事实。

第五节　传播效果

一、传播效果的种类和强度

（一）传播效果的种类

1. 按效果的性质，可分为好的和坏的、正面的和负面的、积极的和消极的。有的效果对某些人是好的，对另一些人是坏的，如宣传；在某一时期、某种程度是利大，在另一时期、另一种程度是弊大，如娱乐。从传者愿望、传播意图的角度来看，越符合的效果就越是好的，越相反的就越是不好的。

2. 按效果的作用，可分为微观的和宏观的，对个人的和对社会的。对社会的效果表现为各种社会作用。对个人的效果中，有告知、劝服、娱乐作用；提高或降低素养和品位、增强或减弱意志和能力；有影响注意、认知和影响思想情感、态度行为的作用。

影响态度的效果中，有"强化"或"弱化"某种既有态度的效果；有"结晶"效果——使原来意向未明、态度未定者的态度明确起来；有"改变"效果——使受传者的态度发生逆转。

[①] 刘文阁，李强. 新闻传播概论［M］. 北京：民主与建设出版社，2021：88.

3. 按效果的产生，可分为有意、预期的和无意、非预期的效果，直接、迅速的和间接、潜移默化的效果。

无意的、非预期效果中，有许多是受众的选择性理解或传播的间接效果，出乎传者的意料，也有些是受众产生了逆反心理——对传播内容、方式和传者不满、怀疑、反感、抵触乃至否定、排斥，致使传播受阻，甚至产生负效应。如受众对那些不适当的广告插播和植入式广告，过量的、空虚的、不符合实际的宣传，产生厌烦、抵触、对抗心理。

间接效果往往比直接效果更广泛和深远，却更容易被忽略。例如，"知沟理论"所揭示的效果。该理论认为，经济、文化、社会地位高的人能比地位低的人更快、更多地获得有用信息，他们之间的知识差距就会扩大，由此又带来机会差距的扩大。同时他们经常使用的大众媒介不同，又会产生知识结构、思想观念等方面的差异。于是形成知识落差、沟壑和阶层分化、隔阂。

潜移默化的效果虽然产生较慢，但影响较深。

4. 按效果的表现，可分为明显的和隐性的，近期的和远期的，短期、暂时的和长期、持久的。还有许多特定的表现。

隐性的和远期的效果不易被察觉。例如，看电视剧过度会使人沉湎于虚拟世界，趋于消极被动地接收信息，降低行动能力，以至有损健康。特定的表现如设置议题、授予地位、沉默的螺旋、第三人效果等。

（二）传播效果的强度

传播效果有强有弱，本无定数。但大众传播的效果究竟是强还是弱，如何强、如何弱，这对于如何利用和控制大众传播很重要。西方对此有过长期摸索，其认识发展可分为五个阶段（在时间上有交叉重叠）：

第一阶段是从20世纪初到20世纪30年代的以"魔弹论"为代表的"超强效果论"。

第二阶段是20世纪30年代初至60年代初的"有限效果论"，也被称为"弱效果论"，认为传播效果是通过个人、社会的多种因素而产生，传媒的作用是相当有限的，有些传播对态度和行为的改变毫无效果。

第三个阶段是20世纪60年代至70年代末的"适度效果论"时期。认为应综合考虑间接的、长期的、对社会的效果，而不能仅看直接的、短期的、对个人的效果；应重视认知的效果，而不能仅看态度和行为变化的效果。传播的效果有时是微弱或不明显的，有时是巨大的，有时介于两者之间。

第四阶段是20世纪70年代以来的"强大效果论"时期。认为在各种大众传媒广泛、综合、累积的作用下，在各种其他条件的配合下，能有力地影响或塑造舆论，对社会产生很大的影响。这些其他条件包括顺应事物的发展规律和公众的需求，抓住恰当的时机，符合传播和接受规律。

第五阶段也是20世纪70年代以来的"谈判效果论"。认为一方面大众传媒按自己的意图、计划进行传播，另一方面受众按自己的需要和理解进行接收、反馈，双方以自己的地位和力量相互接应、影响、调整，产生效果的过程具有"谈判"的性质。

二、传播效果的影响因素

（一）传出方因素

1. 传者（个人与机构）和媒介因素

传出方的立场观点会有意无意地影响传播效果，传者和媒介的知名度、美誉度也会在很大程度上影响受众的选择性注意、理解和记忆。美誉度主要由其可靠性和公信力决定，真实、准确是新闻媒介的生命，因此要有高度的职业道德和职业精神，令人相信其传播内容是全面、客观、公正、有价值的。此外，还要关切和服务受众，并尽可能提高权威性。

在传播内容供大于求的"买方市场"上，获取内容的时间、精力、经济成本和方便性等因素也会明显地影响人们的选择。

一般而言，媒介越少，单个媒介的影响就越大。然而，人的注意力是有限的，每个人使用不同媒介概率并不很高，因此即使在已有很多媒介的今天，单个媒介仍有很大的影响力。

2. 内容和形式因素

直接带来传播效果的传者和媒介吸引力、感染力、传播力、影响力，既与上述因素有关，更与媒介内容、形式和传播方式有关。

传播内容无疑是影响传播效果最直接的因素。即使是网络上的"自媒体"，只要内容真实、正确、价值高，也会获得广泛的接受。

内容要符合受众的需要和兴趣。受众使用大众媒介，是为了得到某种满足，不论是出于求知还是求解，求用还是求趣，不符合需要的自然就难以受到关注。即使旨在引导受众，也要尽可能与受众的需要和兴趣结合，让传播内容与受众的需要相一致，令受众感兴趣。

传播形式的因素也不可小觑。好的形式不仅可增强吸引力、感染力、影响力，还能带来许多新的需求，催生出许多新的内容。20世纪80年代以来，出现了大特写、深度报道、体验式报道、现场测试式报道、现场直播报道等形式，使新闻传播更真、更细、更实、更深、更迅速及时、更鲜明生动和更丰富多彩。

许多形式和元素也可派上用场。如新颖、美观、简洁明了、生动活泼，以及其他各种影响读、听、看的形式和元素。这些方面的改进，可吸引受众，顺应受众求新求异、求趣求美的心理，增加被接受、被记住的机会。

3. 方式和技巧因素

传播方式上，加快速度、提高时效性、媒介专门化、提高针对性，都能取得更好的传播效果。

在以宣传为主而不是以告知为主的传播中，把握时机对效果至关重要，不合时宜会带来反效果。对有些事实性信息也需全面衡量，有的在发布前要做些铺垫，有的要到一定的时候才能发布。但如果早发布的利大于弊，或你不发布，别人也会发布，则应当抢占先机，争取"先入为主"，并赢得声誉。

对一个事物或人物有两种或更多的不同观点时，传媒只提供自己认同的一种观点，还是各种观点都提供，也会带来不同的效果。都提供可能会削弱对其中一种观点的宣传效果，对文化程度不高、判断能力不强的受众尤为如此。然而，多提供或都提供可以让人们看得更全面，并对不正确的观点产生"免疫力"（西方传播专家对此经过实验，提出了"防疫论"），还可提高媒介在受众心目中的可依赖感和公平公正感。在受众很快能从其他渠道得到反面观点时，多提供、都提供还能先发制人，掌握解释的主动权。

相似的选择题还有：诉诸情感还是理智，把观点和结论直接明示还是曲折暗示、隐含于事实中，对文化程度高、自信心足、自尊心强的人而言，后者的效果往往会更好，还可将情感与理智相结合，明示与暗示相结合。

传播技巧广义包括信息采集、加工、制作、发送、接收等各种技巧，狭义的仅指怎么传的技巧，体现在传播形式的选择和方式的运用中，以及引起受者注意和利用受者心理中，如顺势而为和因势利导、先抑后扬和先扬后抑、先入为主和后发制人。此外还有其他技巧，如对传播对象施以一定的心理压力，调动他们的紧张感和恐惧感，以引起他们的关注，加强他们印象，甚至使他们更容易接受传者的观点。这种压力要实在、适当、适度，否则会有危言耸听之嫌，或令人心理不适、产生排斥抵御情绪。显然，各种技巧都要因人因事、因时因地制宜。

（二）接收方因素

同样的传播对不同的受传者有不同的效果，这就与接收方的因素有关，包括受者的个人因素、接收条件和方式、再传和反馈。①

1. 个人因素

受传者对媒介中的内容进行选择性注意、理解、记忆,做出自我的解读、加工和再传,产生预期或非预期的效果。在这些过程中,受者的个人差异会有很大影响,包括:

身份差异:性别、年龄、民族、职业等;文化差异:语言、知识、观念、受教育程度等;思想差异:信念、信仰、价值观等;心智差异:智力、情商、情感、情绪、心理等;能力差异:选择、理解、分析、记忆等能力;经济差异:收入、财产、消费习惯和能力等;其他差异:性格、形象和健康、需求、经验和媒介素养等。

正是由于这些差异,对同一信息有的人毫不理会,有的人很感兴趣,有的人这样理解,有的人那样理解,有的人看后即忘,有的人牢记在心。传播内容越是丰富复杂,个人差异的影响也越大。

良药苦口,忠言逆耳,人们在选择性注意、理解和记忆的过程中,往往留下肯定自己的看法,过滤掉否定自己的看法,包括对自己的已有观点和选择的肯定或否定。这会加强自己的偏见,传者和受者都要注意。

受者的差异还会通过传者而产生影响。传者会考虑到传播对象的差异,选择相应的内容、形式和传播方式。

2. 接收条件和方式

接收条件包括能不能接收到,接收质量如何,在哪里、有多少时间接收。在家里有充裕的时间细细品味一篇深度报道,与在图书馆里匆匆地浏览,效果会很不一样。

受者专注地接收与漫不经心地接收,效果大相径庭。在开车时听广播,也不可能与躺在床上听得一样完整明了、印象深刻。

和别人一起接受会相互影响,单独看球赛与很多人一起看产生的兴奋感大相径庭。和不同的人一起接收,又会有效果差异,其专注程度、相互影响都会很不一样。

3. 再传和反馈

受者的再传播能够有效地扩散传播效果,其他传媒的再传播则覆盖面更大。但再传播时,主观作用会更大。再传者不仅按照自己的理解,还会按照再传时的具体需要、对象、环境等,做出加强、减弱、改变等调整,使效果加强。

受传者的反馈能够使传者了解接收情况,了解受者的特点、需求等,从而

---

① 谢金文. 新闻学通论 [M]. 上海:上海交通大学出版社,2019:168.

做出相应的调整，进行更针对、更有效的传播。

（三）其他因素

1. 传播环境因素

传播环境有宏观环境和微观环境之分。前者包括政治气候、经济水平、文化传统、社会风尚等，它们对传播效果有间接但广泛的影响。后者有人际传播、群体传播、组织传播、其他媒介的传播，以及各种有意无意的干扰因素，如海关拦截、杂音干扰、信息拥堵、关键词屏蔽等，它们对传播效果有直接而具体的影响。

2. 数字化传播的因素

数字化传播使传媒可以对受众进行更小众化、个性化的传播，从而使传播更有效，受众更满足。数字化还大大方便了受众调查和传播效果测评，使媒体的定位更精准，受众的需求得到更多更好的反映和满足，由此又可大大提高传播效果。

数字化使受传者可以更自由、更主动地从几乎无限的范围选择媒介和传播内容。人们从传媒获得的认知可以更真实、客观和全面。被人们主动选择的媒介和内容，包括广告，比被动接收得更符合受众的需要和兴趣，从而产生更好的传播效果。

第三章 新闻传播与信息化手段运用

随着信息化的发展，各种信息化手段在各个领域的应用越来越广泛。新闻传播领域也不例外。尤其是微博、微信、数字技术和区块链技术的应用，更是促进了新闻传播的创新和发展。本章主要对新闻传播与信息化手段的相关知识进行了系统论述。

第一节 微博与新闻传播

一、微博

(一) 微博的概念

微博，即微型博客的简称，是一个基于用户关系的信息分享、传播及获取平台，用户可以通过网页及各种客户端组建个人社区，以140字左右的文字、图片、视频、音频等更新信息，并实现即时分享。微博是一款基于用户关系的分享工具和自媒体平台，微博信息支持图片、音频和视频格式。与博客相比，微博的可读性、随意性、时效性和传播性更强。微博最显著的特征是博文长度不能超过140个字符。因此，微博又常常被称为"迷你型博客""一句话博客"等。微博发展至今，尚无统一定义，主要缘于国内外微博网站提供的服务和功能有所差别。

(二) 微博的特点

1. 操作方便快捷

人们不仅可以在电脑上面浏览微博，还可以用手机登录微博，进行信息的发布和接收。微博突破了时间和空间的限制，使人们可以随时随地阅读微博，查看当前发生的新闻热点。由于发布微博的字数限制在140字内，不需要过多华丽的言语来修饰，减少了长篇大论的讲述，人们只需要用简短的几句话把对生活的感悟表达出来就是一篇微博。互联网给我们带来了另外一种表达心情的渠道。当人们不知道说什么时，还可以用一个简单的符号、一个动态的表情、一张随手拍的图片来发布微博，表达心中的想法。微博简化了生活，操作起来很方便，可以让人们尽情地浏览信息和交流沟通。

2. 信息传播渠道多样化

微博的平台多样，可以用电脑、手机、Pad等方式登录，查看和接受信息。尤其是手机的使用，使得微博登录十分方便，只要有信号网络的地方，下载一个客户端，可以随时随地登录微博，查看、传递、交流信息，这就极大地方便了微博信息的传播和微博使用广度。也正因为此，微博才能在较短的时间内迅速扩展，为大众所喜爱，广为使用。

3. 信息内容丰富多样

微博信息的发布方式丰富多样，用户可以用文字抒发个人感情，还可以用视频、音频、图片形式来记录生活的点滴。140字的内容可以涉及个人情感、个人生活状态，还可以迅速便捷地把身边正在经历着的逸闻趣事以及个人对社会、经济、政治等重大社会事件的观点及时与"博友"进行互动交流。

（三）微博的功能

1. 评论功能

评论功能使微博的每个用户能对他人发布的微博发表自己看法和观点。评论的内容会马上反馈给被评论者，同时，其他浏览过该微博的用户也可以看到该评论，他们既可以对原微博进行评论，也可以对你的评论进行回复再次评论。这种众人参与的评论，就形成了一个小小的讨论组，大家都可以对该话题各抒己见。

2. 转发功能

转发功能是微博用户浏览到一条感兴趣的微博信息时可以转发到自己的微博空间。当粉丝看到自己转发的微博时，他们也可以进行第二次转发，这样依次地转发下去就可以使信息实现病毒式的传播。

3. 关注功能

关注功能是微博用户对于感兴趣的微博主进行关注，这样你就成了他的粉丝，每当他发布微博信息时，你都可以第一时间看到。若是微博主对你的微博也感兴趣并关注了你，那么你们就互为粉丝，可以相互接收到彼此的微博信息动态了。这种关注是公开的，大家都可以看到，还有一种悄悄关注，对方不会收到你的关注消息，这样你就可以默默地查看对方的微博动态。

4. 收藏功能

收藏功能是微博用户看到自己喜欢的微博内容时可以进行收藏，方便下次来查看。当微博用户看到一条微博内容时，觉得这条微博特别好，想要备忘收藏，或是当前时间比较紧来不及看完，就可以进行收藏，收藏之后回头来查看也非常方便。

二、微博新闻传播的优势

（一）及时性

微博本身具有面向大众的功能，能够对所有普通大众传递各种信息。但是这有一个前提条件，即普通大众对该信息传播主体进行了关注，才能接收到该信息传播主体传递的各种信息，否则是接收不到的。但是，这种接受不到也只是相对的，信息传播主体还可以通过推广等手段将相关信息传递给非关注受众群体，或是通过制造热门话题吸引普通大众关注。只要达成这样一种关注的关系，那么信息主体所发布的各种信息就可以在第一时间内传递给受众群体，中间不存在任何阻滞，及时性很高。相较于传统的电视新闻、纸质新闻，微博新闻传播的及时性可以说达到了前所未有的高度。

（二）互动性

互动性是微博新闻传播的另一大优势，也是忠实拥护微博新闻的受众群体的最大喜好。微博本身具有评论功能，即每一个微博用户都可以在某条微博下进行评论，发表自身的观点和看法。而该信息的传播主体可以通过关注者的评论分析社会大众对该条信息的普遍态度，形成一个舆论结果，从而实现对社会舆论的正确引导。

（三）区域广

微博主要特征表现在"微"，然而从作用和影响力上来说是非常强大的。传统媒体是使用者发布信息后，通过网站管理者审阅再将优秀的博文添加到网站博客首页，以此吸引更多使用者关注，另外，使用者只可以发现自己好友发布的信息，但是在微博上面发布信息，不仅仅可以看到好友发布的信息，还可以查阅到其他人发布的信息。值得注意的是，微博还具备转发功能，也就是说，用户可以对收到的信息进行转发和分享，且所转发的信息此用户所有关注者都可以进行查阅和再次转发。微博这种传播的方式可以帮助更多的网友获得信息，同时还能获得一定的关注量，可以说是双赢的结果。①

（四）群众性

微博新闻传播不再是新闻媒体的专利，其让每一个使用微博的人都变成新闻的传播者，每一个人都可以利用微博，将身边所发生的事件记录发布出来，从而成为新闻。群众的广泛参与使得微博新闻传播更加大众化与平民化，这也对传统媒体产生了一定的冲击和影响，迫使传统媒体做出改变，迎接挑战，不断创新，提高自身的新闻水平。

（五）成本低

微博之所以受到广大群众的喜爱，其原因主要是传播成本低。微博信息的获取较为容易，是整合了多方信息的平台，且可以通过网页、客户端、短信、插件等形式发布精简的信息。另外，所有信息的发布和获取只需要使用者在有Wi-Fi或者移动数据流量前提之下，因此成本非常低。

三、微博新闻传播的不足

（一）面向受众存在局限

微博新闻传播主要是将新闻信息传递给关注该新闻传播微博的受众群体，对于没有关注该微博的群体，其实很难实现新闻的针对性传播。这种情况就导致微博新闻传播在受众上存在一定的局限，即只能将新闻信息传递给固定的一个群体，而这一群体自身对该新闻媒体存在一定的非常规认识，从而就会导致某些信息反馈不完全真实。受众群体的局限从某种意义上来说对新闻传播产生了一定的限制，即不能真正实现面向各类人群。因为普通受众关注微博基本都是根据自身喜好，即喜欢这一新闻媒体的受众群体才会关注该微博，不喜欢这一新闻媒体的受众群体自然也就不会关注该微博。

（二）新闻信息真实性存疑

微博新闻传播对于新闻信息真实性还是存在一定问题，由于网络本身不具有鉴定信息真伪的功能，因此就导致部分假消息出现在微博上，对部分微博用

---

① 杨萍.浅析微博新闻传播的优点与缺点[J].新闻传播，2018（1）.

户造成误导。比如一些地方新闻的官方微博，由于自身新闻来源较窄，因此经常通过其他途径获取新闻信息。由于缺乏辨别，使得部分假消息也被发布出来，不仅降低了新闻的有效性，还使得普通民众对该新闻媒体丧失信任。不仅如此，由于微博新闻传播不断群众化，越来越多的人为了获取关注，不惜发布一些假消息博人眼球，造成微博新闻真实性的降低。

（三）信息发布形式有待提高

微博用户会使用视频、音频、图片或者其他方式对新闻信息进行评论，少数用户也会直接将博主发布的信息链接进行转发。在这个过程中不可避免地会淹没博主真正想发布的新闻消息，又或者一些有用的信息在转发中被遗漏掉，导致新闻价值的降低，从而影响了新闻传播的效率和意义。

（四）网络人际关系的创建有待改善

以往，大多数微博网站都没有使用实名制，目前，虽然实名制已经开始普及，然而大部分微博使用者并没有将个人真实信息全部或者有效信息发布出去，又或者添加的信息较为简单，这也导致微博用户和用户之间很难构建良好的人际关系。微博初始定位是方便书写日常所思、所看、所想，倘若有用户想更进一步地扩展人际网络，就需要使用SNS进行查阅。

（五）网络水军搅乱微博新闻

网络水军的存在，给微博新闻传播造成了很大的干扰，尤其是对部分不明真相的群众形成了严重误导，干扰了群众的正常思维，使得新闻偏离了其原本的发展趋势。首先，网络水军会出于利益目的制造大量假新闻和假消息，对某些人物的负面新闻进行冲淡或是转移公众视线，从而实现降低社会舆论对该人物的负面评价。[①] 其次，网络水军会在某些新闻下边发布恶意评价，扭曲事实，以期扭转舆论走向，诱导不明真相的群众站错队。

四、微博新闻传播存在的问题

1. 真实性欠缺，新闻道德有待提高

由于微博准入门槛低，没有任何的条条框框制约，因此各种文化素质、道德素质的人群都可以通过微博发布信息和新闻。用户可以自由发言，对新闻事

---

① 孟超. 试分析微博新闻传播的优势与不足 [J]. 新闻传播，2016（20）.

实的选择并不遵循新闻价值的原则和取向,很难保持新闻的真实性。很多非专业的网民因为社会资源少,无法对事件进行深入全面查证,只了解部分情况便大肆发布信息,不具备专业新闻记者的采访调查能力,因此无法保证其发布的新闻信息的真实准确性。虽然微博也有天然纠错把关机制,但由于网络传播的速度是不可小看的,当这些谣言迅速传播时,有时也会淹没真实信息,从而引起一定的社会恐慌,这种极端的现象也不能避免。人们根据自己的爱好兴趣,以及价值取向、社会关系等建立自己的好友圈和粉丝群,在这些虚拟的人际交往圈中,互相分享观点,交流意见,但各种圈子之间又相互屏蔽,意见与意见之间形成尖锐的对抗,往往就造成一定的极端现象。

2. 信息冗杂,负面消息过多

微博上也存在着负面新闻泛滥的现象。信息冗杂,噪音过多是互联网出现之后产生的问题,而微博又是这种问题的催化剂。微博大部分是重复无用的同质性信息,信息方便获得的同时,过量的信息也会耗掉受者的注意力,最后导致寻找有价值的信息更加困难。

五、微博新闻传播的策略

(一) 扩大新闻受众群体

由于受众群体存在的局限,因此对于官方的新闻传播微博而言,需要努力扩大受众群体,提高微博新闻的覆盖率。首先,可以在传统的新闻传播渠道中加强对微博新闻的宣传,比如可以在电视新闻播报新闻传播微博的账号,引导观众关注该微博;也可以在纸质媒体中发布新闻微博账号,让接触纸质媒体的读者能够关注该微博;其次,做好新闻,制造热点,吸引关注。要想获得更多的受众群体关注微博,就需要通过一些热点话题吸引微博用户的关注。这就需要在新闻获取上加大力度,在其他媒体之前发布一些大事件,第一时间在微博中形成影响。同时还需对某些热点事件通过微博发布一些不一样的信息,能够让微博用户对新闻微博产生耳目一新的感觉,从而形成关注。

(二) 提升新闻的真实性

对于新闻媒体而言,要通过微博这一途径实现新闻传播,就必须保证新闻的真实性,若是官方媒体发布的新闻都存在造假的情况,受众群体必然会对其嗤之以鼻。所以,在发布新闻前,应该加强对新闻真实性的审核。首先,对于自家媒体所拿到的新闻报道,应该给予足够的信任,不必花费太多精力进行审核，保证在第一时间将新闻发布出来。其次，对于其他途径的新闻来源，则需加强对新闻真实性的审核。比如来自普通群众的新闻源，应该对其进行调查取证之后再发布新闻消息，保证其真实性；对于来自其他媒体的新闻，可以根据一些细节特点对新闻的真实性予以评价，然后转载。最后，新闻发布要准确。为了保证新闻真实性，在发布新闻的时候，一定要对遣词造句予以优化。对于可靠的消息，就可以准确进行描述；对于不是很可靠的消息，在发布时则需避免使用肯定、一定等词汇。

（三）将碎片化信息转变成完整信息传播

真实主要有主观、客观和符号三种。客观真实包含了事件的构成、存在于除本人之外的所有被感观到的客观世界中；符号真实指的是用符号的方式表达客观存在的事件，如，艺术、文学和媒介等；主观真实是在符号真实和客观真实的基础之上创建的真实。人类在信息传播中需要准确定位自身，以此才能确保不管信息是有多少碎片，都可以构建一个完整的信息并将之传播出去。此外，微博碎片在一定程度上也展示了读者的个人倾向，所以，读者可以从多方面了解事件的详细情况，多角度、多方向地思考新闻内涵，以此解决微博内容字数受限的问题。

（四）大力打击网络水军

网络水军的存在给微博新闻传播造成了很大的负面影响，扰乱了微博新闻传播秩序，不利于微博新闻传播的发展和进步。因此，需要大力对网络水军进行打击，净化微博新闻传播环境。首先，应该加强对新闻的辨识力度，做好辟谣。这就需要对网络水军发布的假消息进行仔细甄别，然后对其存在的漏洞疑点进行梳理，再发布专门的辟谣微博，引导普通民众认识假新闻。其次，新闻微博传播应该引导普通民众提高自身的辨别能力和新闻素养，让广大微博用户都能够形成独立思考的习惯，避免被网络水军诱导。再次，新闻媒体需要加大力度对新闻评论进行审核，对其中存在的反动言论、虚假言论、极端言论等及时删除，对相关用户设置禁止评论，确保这些负面因素不会对新闻传播造成干扰。最后，新闻媒体和公安机关应该联合起来，对网络水军展开联合打击行动，彻底净化网络环境，给新闻微博传播创造良好的环境。

（五）发挥新闻自律组织功能

目前，各大门户网站为了澄清微博中流传广泛的谣言，纷纷开通了官方辟谣微博。其中，影响最大的是新浪官方的微博辟谣以及民间的辟谣联盟。微博辟谣是用户在登录微博时，会有通知栏发布信息，微博辟谣的部分内容会出现在通知当中，阻止无效时其官方特性有权采用注销账号或者停用一段时间作为对发布谣言的主要用户进行处罚。而辟谣联盟则是自发的由律师、记者、大学教授、作家等组成的民间打假组织。

（六）意见领袖引导公民关注公共事务

微博是传播信息的渠道，微博上的意见领袖多为精英分子和专业的新闻工作者，粉丝众多，有强大的话语权和影响力，所以，微博是社会利益的维护者和公众安全的保护者。他们对社会现实、重大事件发表意见，在公众的公共利益受到损害时，第一时间站出来为民说话，可以在一定程度上影响舆论导向。总而言之，微博新闻已然成为现阶段我国新闻传播的一种重要形式，然而新生事物都有其不健全的一面。自微博新闻红遍全球后所引发的微博暴力等事件层出不穷，因此在这个全民微博化的时代，如何提升国民本身素质，建立和谐而完善的微博新闻机制是我们今后所要面对的一大重要课题。①

第二节　微信与新闻传播

一、微信概述

（一）微信的概念

微信，是腾讯公司推出的一款通过网络快速发送短信、图片、视频和语音，并支持多人群聊的免费手机聊天软件。微信不仅保留了市场上现有通信软件的基本功能，还开放了一些新的功能，如"查找附近的人""摇一摇""打招呼"等等，并且可以与手机里的联系人互通。它的出现对人们的生活方式、思维方式都产生了很大影响。

首先，微信在一定程度上改变了人们的社交网络，通过与手机通讯录的绑定，可以很方便地通过微信联系到手机通讯录里面的好友，这就更加方便了与朋友之间的联系。更为重要的是，人们通过微信与手机通讯录里面的好友联系不仅节省了电话资费，还可以实现在线视频聊天。

---

① 耿思嘉，高徽，程沛. 新闻传播与广告创意 [M]. 长春：吉林人民出版社，2019：97.

其次，微信也是一个全新的交友平台，微信的一些新功能"查找附近的人""摇一摇""打招呼"等，使得人们可以与认识的人聊天互动，还可以与陌生人进行聊天，使得人们对微信有了更大的新鲜感。微信之所以能够受到人们的欢迎，不仅因为微信满足了人们交往的需求，还满足了不同人的不同需求。同时，对人们的生活方式、工作方式、经济活动方式，甚至思考方式都带来了极大的改变。随着微信版本的不断升级，微信的功能不断完善，人们对微信的认识会更全面、更深入。

（二）微信的特点

1. 多重社交关系

微信给用户带来社交领域以全新的感受，不但能够拥有熟人社会的关系网，还能够寻找志趣相投的有缘人；不仅可以与某个人畅所欲言，还可以和一群人高谈阔论，用户可以自由选择聊天的对象和内容。在微信复杂的关系网中，可以分为两类社交圈：熟人关系社交圈和陌生人关系社交圈。首先，熟人关系社交圈的好友多是亲人、朋友、同学、同事等关系，大多是QQ好友和手机联系人，在彼此都熟识的基础上进行沟通，进一步增强双方的感情黏性，成为微信中最稳定、交往最频繁的社交圈。微信支持多人共同聊天，每个用户都可以拉好友组建讨论群，在不同场合、时间与不同的群进行对话，有工作群、小组群、家人群、同学群、娱乐群、影视群，等等。微信在不同群体沟通过程中还注重信息的私密性，不是好友的用户在共同好友中不能看到互动的内容，发布信息还可以设置部分好友的查看权限，给熟人社交圈更多便利的话语空间。陌生人关系社交圈是通过"摇一摇""查看附近的人"等方式以神秘和期待的心情来交往陌生人。"查看附近的人"能够方便结识生活周围的朋友，"摇一摇"以一种有缘的方式拉近陌生人之间的距离感。微信的多种社交功能可满足不同人群的需求，选择适合自己的方式进行交友。微信能够灵活地组合信息内容和方式，还有深受用户喜爱的表情和动画，给用户之间的互动增加了很多乐趣。

2. 用户通信成本低

微信软件，不论是电脑、平板还是手机下载都是免费的，最多的支出是上网的流量费用。而且因字数限制、视频大小限制、语音时长限制等规定，微信的流量消耗较小。当处于免费Wi-Fi环境下，基本没有任何的费用，并且任何功能都没有收取费用，无疑成为没有收入来源或经济没有独立的人们的首选，特别受到青少年的喜爱。

3. 信息聚合能力强

微信相比其他媒体拥有文字、图片、语音、视频等多种形式的传播，使人与人的沟通带有更多的娱乐性、真实性，迎合现代社交网络中"有图有真相"的理念和风格。再加上熟人关系社交圈的稳定，用户对朋友圈发布的信息信任度比较高，传播的内容更加可靠、真实。微信朋友圈是基于熟人建立的，信息的传播具有巨大的凝聚性，以自我为中心不断向外扩散，就像石头扔进水里泛起的涟漪一样逐层向外传递，受到影响的面积在不断扩大。同时，微信还有一定的私密性，发布的信息在陌生人朋友圈里不显示，避免个人隐私泄露，提高传播的质量和效果。微信也是人们个性的集中体现，每个用户可以在微信平台上释放自我，放飞思想，很容易找到志同道合和经历相同的群体，对信息传播起到无形的推动作用，促成消息被"疯狂转载"的现象。

4. 推送信息具有针对性

微信公众号为个人和企业提供了发表言论、宣传理念、推介产品、生活服务等内容的平台。这种推送是由订阅人主动建立的，自我选择的结果具有很强的针对性，是订阅人自愿查看的，方便公众号把信息发送给适合的人群。微信公众号设计人性化，只需长按或者扫描二维码就可以成功添加，只要点击取消关注就可以成功删除，简单的操作使用户愿意了解不同公众号的内容，形成具有一定影响力和凝聚力的平台。微信还可以跨平台完成微信参与、微淘购物、网银安全支付等一系列网络活动，给用户生活带来极大的便捷。

二、微信新闻传播对受众的影响

（一）微信新闻传播对受众的积极影响

微信新闻作为一种全新的新闻传播方式，在一定程度上促进了我国新媒体的发展，同时作为一种及时、便捷的社交工具，也为我国的新闻传播事业做出了巨大贡献。

微信平台与传统纸媒等其他媒体的不同之处在于，微信平台具有一定的及时性，即针对突发事件或新闻，其能进行实时的传播。相较于传统新闻传播方式而言，大部分微信使用者能够更方便、快捷地了解外部世界所发生的各类事件。大多数微信受众的时间具有碎片化的特点，微信传播由于恰好具备了碎片化的特征，使受众不用受时间与空间的限制便能随时随地接收最新的信息。此外，微信还能满足现代年轻人的掌上阅读需求，促使微信新闻更容易被大众接受。

无论微信新闻传播还是传统媒体新闻传播，其绝大多数的素材都是由受众所提供的。但相对而言，微信新闻的传播途径更为宽广。对此，传统媒体可充分利用微信新闻的传播途径，并以此为依据展开深入报道，使受众能够了解微信新闻背后的更多深入且有价值的内容。此外，传统媒体还可以充分利用微信新闻的传播分享功能，即通过受众在朋友圈分享的信息来增强和拓展人际关系。①

（二）微信新闻传播对受众的负面影响

1. 延时性

微信新闻传播有时会存在延时的情况，比如用户最初关注微信公众平台时会自动出现该平台的历史消息目录，用户对哪些新闻报道内容感兴趣回复相应的编号就能详细了解，但通常来说，很多微信公众平台对不在目录上的新闻信息都未设置相应的报道链接，这就意味着仍然存在一些新闻信息不能及时推送给用户，用户也就不能及时了解和跟进新闻事件。② 这就是微信新闻传播延时性的体现。

2. 误导性

随着微信新闻传播的不断发展，新闻传播逐渐呈现出娱乐性和亲民性的特点，在语言使用方面和传统新闻报道的严肃性和枯燥性不同，更加倾向于使用网络语言、流行语言等娱乐性较强的语言，以此博取受众的关注，迎合受众的语言习惯。虽说娱乐和亲民有助于微信新闻的传播，但过度体现新闻的娱乐性就很容易对受众产生误导，使得受众在阅读新闻信息时不能正确理解语义，甚至还会被盲目煽动。这种过于注重娱乐性，忽略对新闻信息的本质陈述，给受众造成误导的情况，对微信新闻传播的发展来说是极为不利的。

3. 局限性

微信新闻传播方式多种多样，但就传播频率、传播范围以及用户体验上来看，相较于电视、网络等传播媒介仍然存在一定的局限性。具体来说主要表现在两个方面：一是微信新闻传播借助公众平台账号推送虽说能吸引很多用户，但公众平台每天的推送数量是有严格限制的，即便是腾讯新闻也不例外，这就直接限制了其大众传播功能。二是通过朋友圈分享传播新闻信息，传播范围也仅限于自己的朋友圈子，能覆盖的受众群体有限，就不像电视等传播媒介能在同一时间将新闻信息传播至全国各地甚至是世界各地。

4. 标题党

标题党是当前很多新闻信息传播媒介都存在的显著问题，编辑者为了博取受众眼球，采取极具吸引力和误导性的标题吸引受众点击观看，但实际上标题

---

① 钟华. 微信新闻传播受众认知偏差探讨 [J]. 新媒体研究，2015（06）.
② 韩冰，董丛斌. 新媒体环境下手机微信对受众的心理影响 [J]. 西部广播电视，2016（01）.

却是夸大其词或是与内容毫不相关,这种故弄玄虚的做法直接降低了新闻传播的整体质量。具体而言,有的微信新闻就利用标题党扩大新闻事实及其发展情况,将其作为侧重点呈现在受众眼前,严重忽略了新闻事实本身的报道;也有的微信新闻借助黄赌毒等字眼和法制新闻"打擦边球",以此博取受众眼球,获得更多点击量,但事实上新闻内容的真实性和质量都欠缺考虑。标题党形式的新闻传播不仅在语言上与新闻报道的严谨性背道而驰,还容易导致新闻信息失真,严重的还存在虚假宣传嫌疑,引起受众恐慌。①

三、微信新闻传播存在的问题

(一)新闻内容缺少深度和思考

当社会信息化程度逐渐加深,造成网络时代新闻阅读变得日益快餐化,特别是由微信平台带来的碎片化阅读方式,让人们更加注重新闻的快速浏览性。虽然这种获取资讯的方式,可以在一定程度上实现信息的自由化传播和知识的大众化普及。但对于大多数人来说,极其容易造成人们对于智能软件的依赖,并逐渐失去自主思考的能力,也不愿意深入探究事实本质。最终使得人们对于信息的摄取,只关注其数量和表象,缺乏有深度的内容和思想。

(二)新闻传播同质化现象严重

在生活中相信很多人都会有这样的感觉,这条新闻报道好像似曾相识,这就是因为微信平台和其他媒体平台中,大部分内容在编辑手法、排版布局、写作文风上出现了重复和趋同的情况。甚至会有多家媒体为了博取人们的关注,直接照搬照抄一些热点新闻,只是单纯吸引大众眼球。分析其中更深层次的原因,主要是媒体没有对微信新闻的目标受众范围进行科学地细化分类,利用一个热点面向所有的群体全面传播,这必然会导致大多数媒体传播新闻时,出现千篇一律的情况,使用户产生阅读疲劳感。

(三)微信平台中垃圾新闻泛滥成灾

自从微信软件推出了公众号和朋友圈功能后,就出现了各种各样的以销售、炒作、造谣、搞笑为目的的垃圾信息。对此,腾讯公司曾经明确指出过,虚假谣言已经成为危害社会进步的毒瘤,人们生活和工作中的方方面面都在被它不

---

① 李贤华. 再议微信新闻传播对受众的影响 [J]. 西部论丛, 2018 (8).

断侵蚀着，当然，微信平台也在其中。由此可见，微信传播垃圾新闻的情况十分严重，必须引起社会各界的重视，采取有效的监管、治理措施。除此之外，很多媒体都把微信公众号和朋友圈当成营销炒作的最佳利器，假借发布新闻动态的幌子，实际上却是做起了软广告的勾当，其传播的内容中即便没有新闻也肯定要制造一些新闻进去。又因为微信公共平台，不管是个人还是企业机构都能够非常容易创建平台账号，每天会定时向关注的人推送大量垃圾新闻。而用户还不得不去应对和接收这些垃圾信息，既打扰到了他们的正常生活，还浪费了大量时间和精力，严重影响了他们的心情。

（四）用户体验感、代入感不强

目前微信本身的商业特性过于严重，如某些使用者通过微信进行商品售卖，从而导致微信失去了本身推广价值。而某些新闻在传递的过程中存在信息失真的情况，难免会降低用户的体验感知。同时，某些信息缺乏严格的监管问题，导致某些微信公众号推送存在严重的机制问题，造成多元化问题。

四、微信新闻传播的策略

（一）重视深度多元化信息的探索

在深度多元化信息的探索过程中，需将商业背景与发展形势相结合，确保商业背景与信息价值的双向性。如商业背景的探索中，务必权衡商业信息的额度，从而提高新闻的有效性；对于新闻信息的探索中，推广线上协同线下新闻传递模式，将新时期的社会信息与管理信息进行协同调控，以小视频的形式将新闻内容进行阐述。同时，对于危害社会公平和稳定性的微信新闻，务必建设有效的自我约束方法，结合对应的法律制度进行控制，从而提高新闻信息的真实性。另外，后台官方应加大有效信息的筛查力度，如教育新闻、时政新闻，有效提高新闻信息和新闻稿件的原创度，有利于提高生活塑造和社会管理的审美价值。

（二）加强网络技术监管力度

与传统通信程序相比，微信中出现了大量的语音、图片、视频等多媒体形式的信息，如果继续使用过去的关键词检索方式来实施监管，显然有些不切实际，给网络技术监管带来了很大的难度。但面对监管技术手段的断层阶段，相关监管机构也不是一点办法都没有，只要适当加大抽查的频率，再对出现的媒体违规现象予以相当严厉的惩罚，无疑也是能够实现有效监管的措施。

（三）优化对信息内容的筛选

在当前微信新闻的推送及发展过程中，需构建一套有效的监管体系。首先，微信后台需对有效信息进行筛选，认知不同价值观念的内容规范和内容价值，对不同产业内容的实践意义进行分析。如对于环境及能源信息的推送过程中，将生态发展观念与产业建设相结合，从而提高信息推送的有效性。其次，需构建有效的新闻整合系统，完善腾讯防火墙的功能，对各类谣言及带有诽谤信息的新闻内容进行拦截。[①] 通过对应的信息拦截和举报评测，能够全面净化新闻网络空间。如微信团队需要结合用户的举报进行反馈理解，通过对应的反馈理解充分认知教育新闻、市政新闻、民生新闻的可靠性。

（四）强化用户和传播媒体的自我管理

法律规定和技术监管都是从外部对新闻传播乱象进行治理，而微信用户和新闻媒体的自我约束和管理是有效防止虚假新闻现状的关键。从公共道德角度来展开自律宣传，呼吁微信用户文明使用软件，谨慎发布信息，新闻媒体应该具备一定的职业操守，对其发布的内容负责，严格审查相关新闻的内容，更要尽量杜绝伪造虚假新闻的情况。

（五）移动终端的优化

小程序形式是现在微信功能的一个使用导向。由此，需结合原始App的功能，将App功能与微信小程序功能进行整合，借助良性协调的机制对移动终端进行优化，从而全面提高新闻运营的合理性。读者能够通过小程序查看不同种类或本质需求的新闻，不仅深入了读者对当前社会发展、社会时政、社会新闻的理解，还提高了读者对微信新闻的认知度，从而达到方便人们生活的效用。同时，在公众号内容的优化过程中，需构建线上新闻发布协同线下讨论组织的模式，构建有效反舆论体系，强化对读者的个人资质信息进行筛查，进而全面实践新媒体热点新闻的方针价值。

---

① 聂庆庆. 数据新闻的发展现状——以微信新闻为例 [J]. 科教文汇（上旬刊），2017（12）.

第三节 数字技术与新闻传播

一、数字技术在新闻传播应用中的价值

数字化技术在新闻传播领域的主要应用价值包括以下几个方面：

（一）能够有效保证新闻的真实性

新闻传播过程中，新闻画面和文本是新闻信息最主要的组成部分，属于"双主体结构"。因此，在新闻编辑过程中，新闻单位为保障新闻信息的可视性和真实性，可以通过数字虚拟技术，用计算机来模拟当时没有被如实记录下来的事情。例如，在火山爆发、道路坍陷等灾害事故新闻的报道中，火山爆发和道路坍陷的原理是新闻记者无法用镜头捕捉到的，但是在新闻信息编辑处理中，我们可以使用数字模拟技术进行制作，以此完成对火山爆发、道路坍陷的模拟，从而使观众获得更加直观、生动的视觉效果，并且加深观众对新闻信息的认识程度，确保新闻信息的真实性。

（二）能够有效保证新闻的现场价值

目前，新闻采编工作主要由新闻记者通过采访来完成。这种方式虽然有其独特的优势，但如今网络和视频技术异常发达，这给新闻采编方式提出了更高的要求，新闻记者需要在利用好原来采访方式的基础上，利用网络和视频技术进行创新，以更好地做好新闻素材的编辑工作。众所周知，新闻现场是新闻传播赖以生存的时间和空间基础，让观众获得视觉上的新闻"现场"满足感是每个新闻人追求的目标。毕竟人们都存在一种"耳听为虚，眼见为实"的心理，通过现场直播和现场影像播放的新闻传播方式便能够满足观众的这一心理。数字信息传播技术能够突破空间和时间上的限制，通过卫星传输数字信号，就能够实现新闻采访环节和播出环节的无缝对接，让人们通过电视、网络等终端设备进行现场观看。所以，数字技术能够有效保证新闻的现场价值。

（三）能够有效保证新闻信息的吸引力

观众是新闻信息的接受对象，因此吸引观众的注意力是新闻媒体的重要工作之一。通过相关研究发现，想要让观众的注意力保持高度集中，首先应聚集

并引领观众的注意力,并对观众的"求知""求真"心理进行挖掘。但在传统的新闻播出现场,由于现场图像缺失、观众无法参与等原因,观众心理上对新闻信息比较懈怠,也使新闻的吸引力逐渐下降。而将数字技术应用到新闻信息的编辑和传播中来,就能够为观众提供生动、形象的画面,也能够利用数字信息平台,让观众参与新闻事件的讨论和点评,提高新闻信息的交互性,从而提升新闻对观众的吸引力。

二、数字技术对新闻传播的影响

(一)对传播媒介的影响

第一,数字技术对传统媒介产生了重要影响。纸媒数字化的过程主要分为三个阶段:第一阶段始于20世纪70年代,计算机激光照排系统和拼版胶印让发展了400多年的铅排铅印的排版印刷工艺得到变革,让新闻印刷效率大大提高;第二阶段始于1998年,业务采编网的建立让新闻采编、内容传送、处理信息等各个环节发生了变革,让新闻采编更具针对性和高效性。记者采编过程中的原件及修改件都能长期留存,方便后期的使用;第三阶段始于21世纪中期,信息技术的高速发展惠及不同领域,新闻传播也不例外,数字技术应用让新闻传播产生了巨大的变革,新闻截稿和定版时间都大大缩短了,通过网络能够将那些来不及印刷的突发新闻快速传播出去,结合电脑、平板、手机等各种移动设备,使新闻传播更具时效性和便捷性。

第二,数字技术对广播电台产生了重要的影响。在广播电台中应用数字技术让广播电台的运作过程发生了很大的改变。观众逐渐使用了数字调音台、刻录机、CD放音机等各种广播数字设备。广电总局曾在2001年发布的相关文件中也指出了数字电台发展的三个阶段:全面启动阶段、基本数字化阶段、全面数字化阶段。全国广播电视直播卫星系统的建立使得我国电视节目不仅能够在国内得到全面性的覆盖,还能在全球范围内进行传播。

第三,数字技术对网络媒介产生了重要的影响。互联网、因特网等都是网络新闻媒介的俗称,1997年网络版的《人民日报》的出现让网络媒体正式开始发展,为了进一步提高新闻传播的时效性,越来越多的媒体方将新闻内容放到网络进行传播,进而诞生出现阶段比较有代表性和影响力的网络媒体,例如新华网、人民网等。搜狐、网易、新浪等综合性商业网站也是因为数字科技的影响而广受群众的青睐。

（二）对传播受众的影响

数字技术在新闻广播领域的应用与发展，使受众的地位和角色也发生了转变。以往传播媒介多是单向传播，诸多媒体只能看到受众的接受能力而忽略了他们的传播和创造能力，并且当时也没有供受众与媒体、受众与受众之间互相交流的平台。但数字技术让双向交流成为可能，受众在新闻传播中也掌握了一定的话语权，如微博互动、电视弹幕以及短信参与等，都为受众参与新闻传播提供了良好的途径。

（三）对传播主体的影响

一方面，数字技术影响了传播主体的工作方式。数字技术让采写工具得到了变化和发展，现在很多媒体采用的采写工具不仅体积小，而且存储量大，携带起来非常方便。同时，采写工具能更加客观高效地采写各种图片、影像、语言等内容，让采写员能够将思考和手写的时间节约下来，更多地将精力放在新闻设计、新闻问题等内容构思上。除此之外，像小型摄影机、录音笔等小型设备的出现让一些隐形采访更加高效，让新闻工作者的专业程度得到了快速提高，同时也让新闻的真实性、时效性得到提高。

另一方面，数字技术影响了传播主体的专业水平。新闻数字化使新闻传播更高效，为了适应新闻传播的变化，新闻工作者必须改变传播理念及传播方式，这就无形地提升了新闻工作者的专业能力。有的新闻信息真假难辨，新闻工作者只有具备非常高的新闻素养、正确的"三观"、专业的水平等，才能在众多庞杂的信息中找到真实且有用的信息。由此看来，新闻传播数字化有利于传播主体持续提高自身专业水平。

三、数字技术在新闻传播中应用的优化策略

（一）加强技术人员和新闻记者的交流与协作

新闻传播数字化时代，完成新闻工作需要电脑程序员、新闻记者及数据分析师等人员的密切配合，只有这样才能将复杂的数据转化为容易识别的数据表格、图片影像等形式。因此，日常工作中，新闻记者应加强与技术人员的交流协作，甚至有必要相互学习，不断提升彼此的专业水平，共同努力提升新闻传播的效率和效益。

（二）深度推进传统媒体与新媒体的资源共享

新媒体得益于数字技术的发展，逐渐成为新闻传播领域的新贵。而技术的融合也打通了媒体间的隔阂，为所有媒体提供了新的资源共享平台，实现了新闻从采编到传播上的共享。因此，新闻工作者应努力提升自身的综合素质，新闻媒介要加快推进新闻技术体系和管理体系的优化升级，为资源共享奠定坚实的硬件、软件基础，从而更好地为受众提供真实、生动、及时的新闻信息。

（三）提升新闻信息的可视化、交互化水平

手机、电脑等移动终端的普及使新闻有了更加丰富生动的呈现方式，但这也给传统新闻媒体带来了不小的挑战。目前，对于新闻生产者来说，只有简单、快捷、有趣地将新闻信息呈现到受众眼前，才能吸引他们的注意力、激发他们的参与兴趣。所以，新闻工作者要转变传统的新闻编写方式，增加文字、图片、影像和模拟动画，增强可视性和交互性，以简单、直观的新闻信息吸引受众。

（四）注重对自媒体和用户生成内容的利用

近年来，用户生成内容和自媒体成为媒体信息的重要组成部分，新闻媒体也能从中获取新鲜、丰富的内容。而网络信息平台的互动和分享功能也为自媒体用户提供了极大的便利，增强了他们的归属感。总之，社会媒体的出现改变了新闻报道模式和传播方式，尤其是在突发性事件、灾难性事件中，社会媒体发挥着巨大的作用。随着主流媒体对社会媒体的重视和合理利用，主流媒体应给予社会媒体一定的发展空间、平台和资源，并且做好对社会媒体的引导和规范工作，让它成为新闻传播中的一把利器。

第四节　区块链技术与新闻传播

一、区块链技术概述

（一）区块链技术的内涵

区块链技术的概念可以通过广义层面和狭义层面进行概述。首先在狭义上，区块链主要指结合时间流程将数据区块通过特定连接模式构成的一种新型数据

结构，链式是其主要特征，同时具有较强的密码学特征，能够有效避免信息数据被恶意篡改、窃取，是一种常见的分布式账本。其次在广义上，区块链能够利用其链式特征对数据进行全面存储和验证，在分布式节点共识算法的作用下，数据能够在短时间内生成，工作人员能够及时展开相关工作，因为其具备密码学的相关特征，数据信息的传输具有极强的安全性和保密性，另外对数据信息的访问权限进行严格限制，减少数据遗失风险，所以该结构是一种以智能合约为主要基础进行科学操作的分布式结构。该项技术作为信息化技术的一种新型结构和体系，是诸多领域信息化发展的必然趋势，对新闻传播行业来说同样如此，需要加强对区块链技术的应用，推动自身的革新和发展。

（二）区块链技术的特征

一是去中心化、去信任化。这是区块链最突出、最本质的特征。区块链技术不依赖额外的第三方管理机构或硬件设施，没有中心管制，除了自成一体的区块链本身，通过分布式核算和存储，各个节点实现了信息自我验证、传递和管理。

二是开放性、共识。区块链技术基础是开源的，除了交易各方的私有信息被加密外，区块链的数据对所有人开放。任何人都可以通过公开的接口查询区块链数据和开发相关应用，因此整个系统信息高度透明。

三是独立性。基于协商一致的规范和协议，整个区块链系统不依赖其他第三方，所有节点能够在系统内自动安全地验证、交换数据，不需要任何人为的干预。

四是安全性。只要不能掌控全部数据节点的51%，就无法肆意操控修改网络数据，这使区块链本身变得相对安全，避免了主观人为的数据变更。

五是匿名性。除非有法律规范要求，单从技术上来讲，各区块节点的身份信息不需要公开或验证，信息传递可以匿名进行。

二、区块链技术对新闻传播的影响

（一）保证新闻内容的精准传播

过往，新闻信息内容在实际传播的过程中，极易受到诸多其他因素的影响。随着科技的发展，大数据等先进信息化技术得到了广泛应用，新闻传播效能有所提高，但是新闻传播整体效果并不理想，传播渠道较为匮乏，用户基数不稳定，同时技术的应用水平较低。将区块链技术应用于新闻传播有助于进一步保证新闻信息内容传达的精准性。在新闻信息传播阶段，区块链技术的应用能够使整个传播流程具备一个完善的分发公链，和传播链共同发挥功能及作用，在这一基础上构建完善的新闻内容分发生态，进而保证新闻内容的准确、高效传播。

生态链也是区块链的主要组成部分，在实际应用过程中，用户能够基于自身的实际需求建立以内容为核心的去中心化应用，同时采取相应的智能算法，对用户行为展开精准"画像"，基于对用户习惯的全面了解，结合其喜好为其制定针对性的新闻内容。以区块链技术为基础，无论是对新闻媒体还是受众来说，均能够保证内容的准确性，传播人员能够将相应的新闻内容及时推送至具有需求的用户，用户能够获取自己感兴趣的内容，为用户提供更好的新闻接收体验。

（二）保证新闻的真实性

区块链技术能有力打击谣言、假新闻等虚假信息，对于新闻传播业的革命性影响之一就是能够基本保证新闻的真实性。"去中心化"是区块链的最大特质之一，形成人人都是中心的概念，能让区块链技术有可能从源头上减少不客观新闻、虚假新闻的生产。对于新闻传播业来说，谣言、假新闻以及不客观新闻是新闻传播业需要清除的最大"毒瘤"。对此，区块链能很好地助力减少假新闻，区块链有着去中心化的分布方式，也有着实时更新的特性，能确保数据采集的真实性，让受众能快速接收到资料，从而在时空层面上，避免因信息传播延时导致的"假新闻大行其道、真信息被堵在半路"等问题。

（三）提高新闻的传播质量

首先，现如今知识付费发展迅速，付费阅读深受人们的青睐，通过对区块链技术的应用，新闻媒体需要加强对虚拟货币的应用，通过对加密算法的合理应用，有效增加付费新闻内容的传播渠道，付费阅读对提高用户的积极性具有重要的作用，因此对提高新闻媒体的经济效益效果理想。

其次，区块链技术的应用能够实现对传统新闻审核与发布模式的突破，基于对该项技术的合理应用，平台的所有用户均具备审核监督的作用，新闻内容能够受到全面监督，对提高传播质量具有积极作用。[①]

[①] 汤屈，吴文璟，陈荣亮. 区块链技术对分布式新闻生产的积极意义研究 [J]. 传播与版权，2021（10）.

（四）加强对新闻产品版权的维护

区块链技术的合理应用，能够实现对新闻信息的版权追溯。完成新闻生产后，能够及时对新闻特征进行标记和对比，避免新闻生产阶段发生版权纠纷。如果发生侵权行为，能够及时举证并固化侵权行为。除此之外，区块链技术的应用还能够进行版权确认，进而有效降低成本。在版权交易阶段，充分发挥分布式账本的作用，对版权价值链进行重塑，为各方的利益平衡性提供保障。

（五）降低新闻生产传播成本

新闻信息内容的产生需要经历从生产到传播的多个环节，整个流程将会形成一定的成本，具体包括生产成本、传播成本、制作成本等，如果成本较高必然会对新闻媒体的可持续发展产生影响，因此需要加强对区块链技术的利用，有效降低成本。首先，对生产成本的严格控制，区块链技术的应用能够确保新闻稿件全部节点的同步更新和存储，并且该项技术具有良好的适用性，有助于延伸新闻生产者的合作范围，甚至适用于全球范围，对降低生产成本具有重要的作用。[1] 其次，有助于降低新闻传播成本。过往新闻信息的传播依赖中心化系统，区块链背景下去中心化系统得到了广泛应用，对降低成本具有积极作用。除此之外，通过对该技术的应用，新闻信息的全部节点能够被精准追溯，信息无法篡改，监管部门能够快速打击虚假不实信息发布者，使新闻产品的监管成本得以降低。

（六）加强信息的共享性

区块链技术能减少中间平台对传播者的干预，形成的信息共享性，能提高新闻传播平台的传播效率、安全程度，节约传播者的时间。在传统的信息共享中，无论是单向共享还是实时共享，都需要经过层层审核才能实现。然而在这个过程中，能否通过、是否能取到好的宣传效果，取决于审核者的审美标准和是否符合接收者、受众的需求。而区块链技术的出现，却彻底打破了传统信息共享的模式。在区块链信息传递系统中，每一个用户都是一个中心，整个区块链信息都是公开透明的，只要随便一个中心发布信息，都能实现全网信息同步、双向、多向的共享。这给新闻传播业带来共享方式和模式的革命性转变，大大提高了信息的共享性。

---

[1] 陈志美，李敬辉. 基于区块链技术下的自媒体新闻业发展探究［J］. 中国新通信，2019（11）.

三、区块链技术与新闻传播融合的策略

(一) 健全法规政策建设

当前我国区块链技术尚未全面应用,在区块链技术领域,法规与政策建设尚处于初级阶段,作为一项新生事物,区块链技术与新闻传播行业的融合既需要法律法规对其行为进行规范,又要通过政策给予一定支持,这样才能促进基于区块链技术的新闻传播行业得到快速、长效的发展。首先,根据行业发展需要制定对应的法律法规,目前我国并无任何法律法规对区块链技术与新闻传播融合做出明确规定,亟待建立相关法律法规促进该领域的发展,对违反法律规范、危害信息安全的,要通过法律对其实施制裁,使基于区块链技术的新闻传播行业有法可依。同时,在著作权法层面对基于区块链技术的新闻素材进行著作权保护,为维护版权方权益提供法律保护。

其次,加快相关标准建设。一方面,要加强区块链技术的标准建设;另一方面,则要加快新传播形势下的新闻媒体标准建设。我国正在通过信息技术领域的组织机构组建运营与测试小组,为基于区块链技术的产品提供测试服务,使之与市场建立联系。传媒行业也应加快完善相关的行业标准,以适应区块链技术的融合。除此之外,政府还应在政策方面给予一定支持,为技术实力扎实的企业提供政策引领,甚至是提供资金支持。

(二) 加速新闻传播转型

基于区块链技术的信息传播,信息被篡改的可能性极大降低,在透明的监督下,新闻内容的准确性与真实性得到有效保障,新闻传播行业应当积极利用此项技术规避虚假新闻,构建健康的新闻传播生态。

新闻传播可以通过去中心化的技术手段构建一种全新传播模式。在区块链技术的支撑下,新闻生产者生产的新闻产品直接与用户关联,省略了中心平台的中枢作用,因此新闻产品不再受中心平台的干扰,实现了新闻传播的去中心化。同时,基于区块链技术,新闻生产者所生产的新闻产品的利益得到重新分配,生产者的产出与收益不再受中心平台的限制,有助于提高新闻生产者的积极性。

(三) 健全人才培养体系

如今,培养一批掌握区块链技术的复合型传媒人才是区块链技术与新闻传

播行业融合的重中之重。首先，要强化专业技术人才的培养。一方面，要加快推进多学科的交叉建设，促使新闻传播学与区块链技术所属学科进行交叉，并按照全新技术的要求进行新闻传播人才培养，从而培养出能够满足实践需求的复合型人才。另一方面，要强化学界与业界的联系，由学校组织和输送该专业的学生，由相关企业提供见习机会与实习岗位，为在校学生提供更多的实践途径。

其次，要构建新的培养模式。在发达国家，已经存在一些可为我国培养具备区块链技术的传媒人才提供参考的实例，如日本区块链协作联盟已经开始实施的区块链大学培养计划，该计划通过建立专门的大学进行专业人才培养，如此可以为新闻传播行业提供更多的专业人才。企业、高校以及其他相关机构可以通过资源互补打造以区块链技术为基础的新闻传播实验室，以此搭建技术与市场沟通的桥梁，加速区块链技术与新闻传播的融合。

（四）提高用户媒介素养

任何技术的快速发展都离不开广泛的用户群体，区块链技术与新闻传播行业的融合颠覆了以往的新闻传播模式，用户的数量与质量决定了其未来发展的方向和进度。基于区块链技术的新闻媒体对受众的媒介素养从深度和广度上进行了延伸，用户不仅需要对一项新的技术进行了解，掌握如何运用，同时还需要具备信息资源分析与应用能力，这对用户的媒介素养提出了更高的要求。

第四章　新闻传播与媒介融合

近几年，随着网络信息技术的广泛应用和迅猛发展，特别是大数据所支持的媒介与 5G 等技术的开发运用，传统新闻传播面临着越来越多的困难和挑战，而现阶段的新闻传播方式和传播渠道则呈现出多样化、新型化发展方向。本章就媒介融合背景下的新闻传播进行简要分析探索。

第一节　媒介融合的产生与发展

一、媒介融合的产生

"融合"（Convergence）一词最初源于科学领域，在 19 世纪末，开始大量出现于生物学、人类学、心理学、政治学、经济学等专业领域，20 世纪 70 年代被引入新闻传播学领域。1978 年，美国麻省理工学院的尼古拉斯·尼葛洛庞帝（Nicholas Negroponte）教授强调不同工业"即将和正在趋于融合"，计算机工业、出版印刷工业和广播影视工业存在着一种相互交融的发展趋势，他用三个相互交叉的圆圈（分别代表计算机工业、出版印刷工业和广播电影工业）来演示和描述其技术边界趋于重叠的聚合过程，并认为三者的交叉处将成为成长最快、创新最多的领域。随后，尼葛洛庞帝创办了著名的媒体实验室，并出版了影响巨大的《数字化生存》。

1983 年，马萨诸塞州理工大学伊契尔·索勒·普尔（Ithiel Desola Pool）教授率先在著作《自由的科技》中提出了"媒介融合"（Media Convergence）的概念。媒介融合，就是各种媒介呈现出多功能一体化的发展趋势，历来划分清晰的传播形态聚合的原因是由数字电子科技的发展所导致的。随后，美国哈佛大学的安瑟尼·G. 欧廷格（Anthony G. Oettinger）教授和法国的西蒙·诺拉

(Simon Nora)教授、阿兰·孟克（Alain Mine）教授还分别创造了"Compunication"（计算机通信）和"Telelmatiqu"（电信技术）两个新的概念，试图全方位地反映数字融合的发展趋势。

进入20世纪90年代后，计算机技术的进步使得数字化融合更加迅速。先进的科学技术为媒介产业融合提供了技术支撑，也给信息传播的方式和结构带来了重大变革。大批的研究者开始从更广阔的视野来认识和界定"媒介融合"。欧洲委员会根据德国政治家马丁·班格曼（Martin Bangemann）和马塞利诺·奥雷（Marcelino Oreja）的提议，将其关于电信业、媒体业及信息技术产业相融合的概念采纳到绿皮书中，并将"融合"定义为"产业联盟和合并、技术网络平台和市场等三个角度的融合"。① 澳大利亚政府信息办公室将融合直接定义为"由数字化所激活的服务部门重构"。

随着研究的拓展，不少学者认为媒介融合的内涵丰富，实际包含很多内容。其中，美国学者李奇·戈登（Rich Gordon）的观点极具代表性，他认为媒介融合含义丰富，包括媒体科技融合、媒体组织融合、媒体所有权合并、媒体战术性联合、媒体结构融合、新闻采访技能融合以及新闻叙事形式融合等诸多方面。②

我国对媒介融合的研究、实践始于2005年。2005年，中国人民大学新闻学院蔡雯教授发表了多篇关于媒介融合的文章，引入了美国新闻学会媒介研究中心主任安德鲁·纳齐森（Andrew Nachison）对"媒介融合"的定义："印刷的、音频的、视频的、互动性数字媒体组织之间的战略的、操作的、文化的联盟。"③ 这是国内学者首次将西方媒介融合的概念和理论引入国内，并迅速引起了国内其他学者的研究兴趣。自此，媒介融合逐渐成为我国新闻传播研究领域的热门话题。

许多学者从不同的视角阐释了对"媒介融合"这一概念的不同理解。复旦大学新闻学院孟建教授提出，"媒介融合"就其表现形式而言，主要有两种，一是在传媒业界跨领域的整合与并购，二是媒介技术的融合。④ 中国人民大学高钢教授则认为，媒介融合的本质在于"现代信息技术推进的信息传播的技术

---

① 刘颖悟，汪丽. 媒介融合的概念界定与内涵解析［J］. 传媒，2012（1）.
② 辜晓进. 媒介融合：做比说更重要［J］. 中国记者，2009（2）.
③ 蔡雯. 新闻传播的变化融合了什么？［J］. 新闻战线，2005（9）.
④ 孟建，赵元珂. 媒介融合：粘聚并造就新兴的媒介化社会［J］. 国际新闻界，2006（7）.

手段、功能结构和形态模式的界限改变及能量交换"。① 清华大学新媒体传播研究中心熊澄宇教授则从概念辨析的角度，归纳了世界范围内对"媒介融合"即"Media Convergence（Integration）"的界定，他认为媒介融合有三类：第一类是"指所有的媒介都向电子化和数字化这一种形式靠拢，这个趋势是由计算技术驱动的，并在网络技术的推动下变得可能"；第二类认为传媒整合有三个主要方式，即传媒文化形态的整合、传播系统的整合和传媒公司所有权的整合；第三类认为传媒整合包括媒体业务和媒体本身的整合、规制和控制的整合、用户对媒体的互动使用与参与的整合三方面。②

2009年，蔡雯教授等人从微观、中观、宏观和大传媒业四个角度将国内外关于"媒介融合"的代表性观点进行了梳理和归纳，认为"媒介融合"包含三个必不可少的核心内容：媒介内容的融合、传播渠道的融合、媒介终端的融合，并提出"媒介融合是指在以数字技术、网络技术和电子通信技术为核心的科学技术的推动下，组成大媒体业的各产业组织在经济利益和社会需求的驱动下通过合作、并购和整合等手段，实现不同媒介形态的内容融合、传播渠道融合和媒介终端融合的过程"。③

二、媒介融合的发展

我国媒介融合的发展大致经历了三个阶段：报纸（广电）上网阶段、网络报纸（广电）互动阶段、全媒体阶段。

（一）报纸（广电）上网阶段

1995年10月20日，《中国贸易报》创建电子日报，揭开了我国报纸（广电）上网的序幕。国内报纸（广电）纷纷建立电子版报纸（广电节目），把传统报纸（广电）的版式（节目）搬上网络。在这一时期，网络版的报纸（广电）完全是复制传统媒体，并不是真正意义上的媒介融合，但是其为后来的媒介融合奠定了一定的基础。在这一时期，传统媒体在媒介融合进程中占据主导地位。④

---

① 高钢.迎接媒介融合的时代[J].新闻与写作，2009（7）.
② 熊澄宇.整合传媒：新媒体进行时[J].国际新闻界，2006（7）.
③ 蔡雯，王学文.角度·视野·轨迹：试析有关"媒介融合"的研究[J].国际新闻界，2009（11）.
④ 栾轶玫，杨宏生.从全媒体到融媒体：媒介融合理念嬗变研究[J].新闻爱好者，2017（9）.

（二）网络报纸（广电）互动阶段

2000 年，新华社网站、人民日报网站先后更名为新华网、人民网，新闻网站被视为新媒体。与传统纸质报纸（广电节目）相比，网站新闻更新频率加快，内容编排更加合理，网页浏览速度更快。这一时期报纸（广电）与网络频繁地互动，"两微一端"（微博、微信和手机客户端）逐渐成为各新闻机构的标配，媒介融合迈出坚实一步并逐渐深入。

（三）全媒体阶段

在以人民日报、光明日报、新华社、中央电视台等为首的中央主流媒体的带领下，全国各地各单位纷纷主动建立媒体"中央厨房"，不断改革创新，打造自己的媒体品牌和特色。中国媒体融合呈现出以融媒体指挥中心（或者"中央厨房"）和"N 微 N 端"为标配、以"新闻+政务+服务"的云平台建设为契机、以新闻策采编发全流程再造为核心、以媒体内部考评奖惩机制创新为突破口的特征。《中国媒体融合发展报告（2019）》显示，中国媒体融合发展已经跨越了艰难的起步期，进入了"多点突破期"，由形式融合、内容融合一跃升级至机制融合为主要特征的融合 3.0 时代。

第二节 媒介融合背景下新闻传播舆论的控制

一、媒介融合背景下新闻舆论的传播力、引导力、影响力、公信力

（一）新闻舆论的传播力

新闻生产的目的是将新闻产品广泛传播，传播了方才能形成新闻舆论。新闻传播是新闻舆论传播的基础。由新闻媒体形成的新闻舆论传播开，方才可能作用于公众舆论，方才可能影响和引导公众舆论。新闻传播和新闻舆论传播都有一个共同的问题即传播，因此都涉及传播力。

新闻舆论传播力，主要体现在以下几个方面：（1）传播力有赖于新闻及新闻舆论顺利传给受众。在传播中应确保没有障碍，不出现渠道堵塞现象。传播力发挥作用不可或缺的条件是传播渠道始终畅通。在这个意义上，传播渠道极

为重要,发现传播渠道堵塞要及时进行"清障"。(2)能实现传播的有效覆盖。一般而言,传播的范围是越大越好、越广越好,传播不留盲区和盲点;但更重要的是要能覆盖目标受众。在讲究市场细分的今天,不分市场、老少皆宜、"一网打尽"式的传播已经没有什么传播力了,须重视分众传播。(3)力求进行有效传播。新闻如果在传播以后无人问津,那么,传播了与未曾传播就没有什么差别。这样的新闻即使能形成舆论,其作用也十分有限;与这样的新闻对应的新闻舆论和新闻舆论传播,不足以影响公众和公众舆论,更谈不上引领公众舆论。

当前,在媒介融合背景下,新闻舆论传播力面临的主要挑战来自新媒体。新媒体提供的传播手段,借助于移动互联网,便于受众在任何时间和任何空间,只需手机而无需手机以外的其他接收工具,就能非常方便自如地接收各类信息,包括新闻信息。在此形势下,传统媒体包括主流媒体的传播渠道乃至传播地位受到了巨大冲击。尤为重要的问题是要解决好"很多人特别是年轻人基本不看主流媒体"的问题。针对他们"大部分信息都从网上获取"的现实情况,要通过把传播主流媒体声音的网站网页和"三微一端"做好的办法,提升主流媒体的品位和魅力,体现主流媒体的深度和高度,把受众的注意力再度引导到主流媒体上来。

主流媒体在新闻传播的品位、魅力、深度、高度等诸多方面,有胜出非主流媒体所办的网络媒体之处,也有胜出商业网站之处。主流媒体品位不俗,显得端庄高雅;以对新闻事实的严格要求、合于新闻真实性的报道体现其魅力;以对新闻事实或事件的深度报道、深度剖析见长;站位体现党和政府从全局考虑问题的高度。以上诸点,是主流媒体经过努力仍然能保持的明显优势。但是,这些优势常常很容易被它们自己的传播劣势所遮蔽。这些劣势主要有:一部分主流媒体官腔十足、官气浓重,内容枯燥、语言乏味,文风不好、令人生厌,风格让人难以亲近,文本让人难以卒读。这样的主流媒体,又谈何新闻传播力和新闻舆论传播力?受众对于主流媒体的刻板印象形成之后往往难以消除,不仅如此,还会进行横向和纵向两个方向的传递:纵向的传递,传给后人,从时间上延续;横向的传递,传给旁人,从空间上延展。公众对新闻媒体的心理印象形成之后,往往在很长时间内难以改变。

(二)新闻舆论的引导力

新闻舆论发挥引导力,责无旁贷。引导力是在对公众舆论进行引领的过程中体现出来的。新闻舆论的引导力在很大程度上就是指新闻媒体的引导力。新闻媒体发挥新闻舆论引导力的前提是导向正确，而导向正确的基本保障条件是"高举旗帜"，即高高举起马克思主义大旗。以举旗引领导向，这是决定舆论导向是否能始终保持正确的大问题。新闻媒体要胜任以正确的导向引领公众舆论的重任，就难免会遇到很多问题。

进一步的问题是：对于新闻舆论工作来说，正确的舆论导向应该是全时空覆盖的。一般而言，新闻媒体特别是主流媒体对新闻报道的舆论导向都是很注意的，只要不松懈，在这一方面通常不会出现大问题；但一部分主流媒体包括重要的主流媒体，对广告宣传的舆论导向则关注不够、留意不够，存在把关不严现象，有时会出现广告中所包含的舆论导向与新闻中所呈现的舆论导向相抵消和相抵触的现象。这是对本身引导力的自损，应当引起注意并予以纠正。

在当今时代，新闻舆论引导相对于以往已经有了很大的不同。今天，我们处于融媒体时代，处于人人都手握移动麦克风的媒体时代。新媒体时代是以个人为传播主体的传媒时代。这个时代的媒介生态发生了根本性的改变，新媒体为广大民众提供了广泛参与新闻信息传受、舆论表达和舆论引导的空间。[①] 公众凭借自媒体频频披露信息、发表意见、转传观点。在此过程中，特定个体既从其他个体和群体那里源源不断地获取信息、意见，也持续不断地向其他个体和群体输出信息、意见。新闻舆论传播，必须在这种情势下发挥和实现引导力，可谓面临着异常严峻的挑战和考验。

迄今为止，传媒生态、传播技术已经发生了很大变化，新闻生产方式、受众接受方式也已发生了深层次变革。在这种情况下，新闻舆论对公众舆论进行引导，不变的是：应当发挥媒体记者调查采访深入、报道事实及时、新闻生产专业、提供信息权威等强项，用在深入采访的基础上获得并经过精心选择的事实说话，用真实感人、具有新闻价值和富于启发性的事实说话。要善于讲故事并将故事讲好，在讲好故事的过程中，娓娓而叙、潜移默化、润物无声地体现引导力。

（三）新闻舆论的影响力

新闻舆论影响力基于新闻舆论传播力而发挥效用。新闻舆论传播不畅通、不到位，就一定不可能产生预期的正面影响力。如同舆论导向有正确与错误之

---

① 童兵. 新媒体时代舆论表达和舆论引导新格局 [J]. 新媒体与社会, 2014 (7).

分一样,新闻舆论的影响也有正面、负面之别。

就通常情况而言,新闻舆论施加于公众和公众舆论,公众和公众舆论则受新闻舆论影响。新闻舆论是施事者,公众和公众舆论是受事者。但受事者并非"靶子"论所说的靶子,不会因被动击中而随即"应声倒下"。他们首先是会对影响进行选择,愿意接受哪些影响,不愿意接受哪些影响(甚至会因厌烦而避开某些影响),新闻舆论往往奈何他们不得。这是公众对新闻舆论影响力在趋避之中所显现的态度。在趋避之中,既有主观倾向的作用,又有思维和心理定式的作用。其次,受影响有主动和被动之分。公众中的一部分人,主动接受主流媒体形成的新闻舆论的影响。这种情况并不鲜见,但并不构成全部。被动接受新闻舆论影响者不在少数,甚至不乏在不经意间接受新闻舆论影响的例子。报道群众的身边事,让群众受到感动、感染从而见贤思齐,这就是公众在无形中受到新闻舆论影响的实例。再次,公众接受新闻舆论影响有层次之分。对新闻报道所报道的人与事不反感,能认同,这是公众接受新闻舆论影响的初级层次。能把新闻媒体说的话往心里去,愿意顺从其理,或则巩固自己原有的正确观点,或则改变自己原先存在的偏颇观点,这是公众接受新闻舆论影响的较高层次。能够乐意地心向往之,这是公众接受新闻舆论影响的最高层次。

在媒介融合背景下,公众并不只是单纯地和单向地接受新闻媒体的舆论影响。他们会反过来影响新闻舆论,并有可能使新闻媒体成为他们所设置的议题和议程的"跟进者",或使新闻舆论因受他们的影响而发生转向。再则,他们还受到其他舆论的影响,比如受到以自媒体为主构成的网络舆论的影响(对这部分舆论的影响力不可小觑)。也许可以说,面对同样的人与事,社会舆论来自多个方向、多个主体。各种舆论之间存在着争取甚至争夺公众的影响力竞争。

在舆论传播的影响力竞争中,媒体体量和级别并不是决定性因素。媒体所叙述的事、所占有的理、所具备的情、所蕴含的美,作为重要元素,共同参与了影响力的构成。所叙述的事,这是影响力中的事实元素,说的是事本身具有优良的质地,含有较高的新闻价值,或者含有比较多的感人因素和动人情节,或者隐含深刻的、发人深省的道理。所占有的理,这是影响力中的理性元素,说的是以理性赢得人心、征服人心。须事中含理,事理融为一体;或者据事明理,以理服人。所具备的情,这是影响力中的情感元素,说的是传递感情、以情动人。作为叙事性文体的新闻报道,在传情方面固然不能与文学作品毫无区别,但绝无排斥情感因素的道理。新闻报道无疑必须客观、真实,但这并不等于新闻作品只能以冷冰冰的样貌示人。新闻报道中的通讯，如果是上乘之作，记者一定是饱含深情的，是写出了报道对象的感情的，是实现了记者的情、报道对象的情、受众的情的交融的。新闻工作者要写出"有思想、有温度、有品质"的新闻作品来，这里的"有温度"，可谓意味深长。新闻记者对社会大众缺乏人文关怀、进行"零度写作"，不值得提倡。所蕴含的美，这是影响力中的美的元素，说的是相当一部分新闻作品所报道的事实中含有美（这类作品报道美、展示美），因成为精品而给人带来美感。历史上关于焦裕禄、孔繁森等领导干部的榜样和楷模式人物的报道，展现了他们感人的精神力量和突出的人格魅力，使受众从中感受到了独特的美。应该注意的是：一则，新闻作品对美进行报道和展示，并不是按照美的法则进行创造、塑造（因而绝不可以虚构），这是新闻有别于文学艺术之处；二则，对新闻作品展现美的元素，不可作狭隘的理解，对负面的人与事进行批评，其实就是通过对假恶丑进行否定而追求真善美。

（四）新闻舆论的公信力

新闻舆论公信力，在"四力"中至关重要。新闻媒体的公信力、政府机构部门及有关单位的公信力，是需要在传播对象那里得到验证和确认的一种特殊之力。新闻舆论的公信力，是新闻舆论传播力、引导力、影响力的存在基础，或先决条件。缺乏公信力的新闻媒体和新闻舆论，其传播力、引导力和影响力绝对不可能非常大、十分强。

公信力的核心在于信。任何个人、任何机构，如果不坦诚、不诚信，甚至言而无信，那么，他人对他的信任就无从谈起。在这里，特定主体对他人的诚信表现是原因，他人对特定主体的信任回报是结果。缺少前面的原因，就不会有后面的结果。[①] 总而言之，特定主体对他人的诚信表现是前置性（前因）的，他人对特定主体的高度信赖则是回报性（后果）的，是某种意义上的"投桃报李"。况且，公信力的形成须日积月累、长期努力、持之以恒，其维护须事事留意、不容懈怠；而自毁公信力，则只需一时一事之差错，而修复会花费若干倍时间和精力。因此，媒体无论如何不可以做自毁公信力之事。

对于新闻媒体、政府机构部门及有关单位而言，自毁公信力之举主要有以下几个方面：

[①] 丁柏铨. 新闻传媒公信力刍议 [J]. 新闻爱好者，2005（12）.

其一，发布虚假或不实信息。这里涉及新闻媒体刊播虚假新闻、不实报道，或政府机构部门及有关单位通过新闻发布会和官微及微信公众号提供虚假信息、不实信息。这对于新闻媒体、政府机构部门及有关单位所造成的后果甚至是灾难性的。"根据事实来描写事实"和"根据希望来描写事实"是新闻界一直以来所提倡的。前者符合新闻真实性的要求，而后者则与新闻真实性的要求背道而驰。从现实情况来看，新闻媒体尚不能从根源上杜绝虚假新闻和不实报道。有的新闻媒体基于传闻刊播新闻，缺乏对新闻稿所涉事实的反复核实和多源求证。故意刊播虚假新闻和不实报道的新闻媒体应该是极少数；但一旦不慎刊播了，则不仅会使该媒体产生公信力危机，而且会使整个新闻媒体的公信力因受牵连而遭受损失。由此看来，虚假新闻和不实报道是大忌，是新闻媒体乃至全行业公信力的大敌，同样也是政府机构部门及有关单位公信力的大忌和大敌。

其二，在一些非常特殊的情况下，回避或屏蔽重要信息的主体也会自毁公信力。重大公共危机事件发生以后，一些新闻媒体出于某种考虑，不报道事件信息，不利于提升其公信力；政府机构部门及有关单位的新闻发言人在新闻发布会上面对记者的"直逼式"提问或置之不理或左右而言他，则很难令公众信服。

其三，在单篇报道中存在矛盾之处，或同一媒体同一时间的不同报道之间存在矛盾之处，或同一媒体前后报道之间存在矛盾之处，给人的感觉是不能自圆其说。单篇报道中存在的矛盾，或为前后文之间的文字抵牾，或为深层次的逻辑矛盾，都是不允许的。同一媒体不同报道之间，顾此失彼，潜藏或显现逻辑矛盾，也是不被允许的。而政府机构部门及有关单位的新闻发言人，如果在发布新闻时存在破绽，必然会使公信力受到直接影响。

其四，政府机构部门代表政府所做的承诺没有兑现，违背了"言必信、行必果"的信条，或者是新闻媒体所作报道言过其实，这也会对其自身的公信力造成很大的伤害。为了维护公信力，政府只要有过承诺，就必须不折不扣地兑现；媒体进行新闻报道，必须实事求是并留有充分余地。

更深层次的问题是，影响新闻舆论公信力的有如下三组关系：一是所传播的新闻与所报道的新闻事实的关系。要考量的是新闻媒体是否据实报道和是否如实报道。二是新闻事实与原始事实的关系。要考量的是是否经过人为拔高（特别是典型报道）和故意矮化（对负面人物的报道）。三是所发表的言谈与实际行动的关系。"说话的巨人、行动的矮子"式的人物和机构，不可能具有很高的威望和公信力。

新闻媒体和政府机构部门及有关单位的公信力，不是这些主体自己认定的，须由公众心头的那杆秤称出来。新闻媒体和政府机构部门及有关单位的公信力，要靠以诚相待、取信于民来打造。这是共通之理。对新闻媒体而言，公信力要靠对新闻事实的真实、准确、及时、客观、公正的报道来熔铸。凭借毋庸置疑的公信力，新闻媒体和新闻舆论才能吸引受众、引导受众、影响受众、说服受众，进而在新闻舆论工作中取得显著成果。

二、媒介融合背景下新闻传播舆论的调控

（一）新闻传播舆论调控的主要内容

1. 发出舆论先声，推动社会变革

新闻传播是社会变革的先导，是推动社会前进的巨大精神力量。同时，新闻传播是适应社会变革的需要产生的，是社会变革在观念上的反映。它通过揭露旧制度、旧体制的弊端，指明社会发展的方向和道路，从而为新制度、新体制的诞生鸣锣开道。

具体来说，在新闻传播过程中，会形成强大的舆论洪流，为社会变革奠定重要的思想理论基础和充分的舆论准备，从而推动社会变革的顺利进行。

2. 整合舆论环境，促进社会发展

稳定是社会存在和发展的基本前提，社会的稳定有利于推动社会的发展，但稳定本身不等于发展。稳定有不同的形态，有死气沉沉的稳定，也有充满生机与活力的稳定，我们所要的不是前者而是后者。新闻传播对舆论的调控既着眼于社会稳定又着眼于社会发展，具有对舆论环境的整合功能，易于在全社会促成一种既有集中又有民主，既有纪律又有自由，既有统一意志又有个人心情舒畅的局面，进而在对社会舆论实施调控的同时，最大限度地激发广大人民群众投身于国家建设事业和民族振兴事业的积极性、创造性。由此，必将促进国家的不断发展与进步。

3. 消解舆论震荡，维护社会稳定

社会秩序是社会整体各个组成部分在结构上相对稳定有序，在运行中相互协调、平衡的状态。有了一定的社会秩序，社会成员和群体间的交往就具有可期待性，社会的运行也就相对平静，从而确保社会稳定。但由于种种原因，人

们并不总是能自觉地遵守既定的行为规范，而是不断发生越轨行为，给社会秩序带来混乱，使社会充满矛盾和冲突。尤其是正处于转型期的当今中国，有些延续了几千年的价值观念、风俗习惯、传统心理等发生了变化，一部分旧的社会体制，各种社会矛盾相互交织、撞击，不同群体的利益重新分配与调整，人们对改革的期望值此长彼消，由此使得现有的某些行为规范的权威性受到挑战，人们可能同时面临两个或两个以上相互矛盾的多元规范，从而产生一定程度的舆论震荡，导致个人和社会团体偏离社会规范的行为增多。这时，新闻传播对舆论实施调控通常就成为消解舆论震荡，维护社会稳定的有力手段。

这是因为，在新闻传播中往往会暗示着特定的社会价值规范和行为准则，这会对面对某种社会舆论而不知所措的个人和组织形成有效的引导，促使其正确地面对舆论。同时，新闻传播所营造的舆论一旦形成，将会对在言行方面不同或越轨的人或组织产生重要的压力，促使他们改变甚至放弃自己原来的言行，与社会整体保持一定程度的一致。这样一来，必然能有效维护社会的稳定。

（二）新闻传播舆论调控的过程

科学认识新闻传播对舆论的调控过程，有助于在实践中把握规律，增强主动性和有效性。具体而言，新闻传播舆论调控主要包括以下几个环节。

1. 选择、采集最新的社会舆论

新闻传播在对舆论进行调控时，首要一步是选择、采集最新事件、社会现象和社会问题所催生的社会舆论。

通常而言，在某一最新事件、社会现象和社会问题发生后，会迅速地与公众头脑中的固有成见、知识结构等发生信息的"化合作用"。这种"化合作用"产生的能量继续推动信息的扩张并不断转化为动力，使对此发表意见、见解、看法成为公众的一种即时需要，在此过程中也伴随着各种各样的情绪和情感。由此，意见在公众中蔓延，相关的社会舆论开始形成。

这里需要特别指出的一点是，并不是所有的最新事件、现象或问题都能够催生社会舆论并使其持续发展，也并非所有的社会舆论都能被新闻传播主体所选择和采集。新闻传播主体所选择、采集的最新事件、现象或问题以及由此引发的社会舆论必须具备一定的条件，即这种事件、现象或问题的刺激能量以及由此引发的社会舆论的强度必须足够大。一般来说，刺激能量以及由此引发的社会舆论的强度足够大的事件、现象或问题，主要包括两个方面：一是对大部分公众的利益关系都有所涉及；二是具有足够的新异性。

2. 新闻传播对社会舆论进行整合与扩张

在选择好特定的事件、现象或问题之后，新闻传播主体就需要对其中所蕴含的社会舆论进行有效整合。一般而言，新闻传播对社会舆论的整合主要由以下两个阶段构成。

(1) 认同沟通

所谓认同沟通，就是新闻传播在确立了社会舆论整合议程（也就是能够对社会舆论产生吸附作用，使之凝聚为某一具体舆论主体的事件、现象或问题）之后，必然要通过对这一议程的报道（包含叙述、解释和评价），将媒体的主导意见暗示给公众，并在此过程中劝服社会舆论向它靠拢，最终形成决定社会舆论方向的新闻舆论。

(2) 调整反馈

所谓调整反馈，就是在认同沟通环节中，公众个体未必都认同媒体的主导意见，可能会产生意见分化力量，背离主导意见。这时，社会舆论自身会做出调整，并将信息反馈到新闻媒体，从而提示新闻媒体进一步加强社会舆论的整合，强化主导意见的作用。社会舆论被整合之后形成的新闻舆论，又将通过新闻媒体的扩张功能，对社会舆论产生重要影响，并由此塑造公众头脑中的"自然"。公众头脑中的这种"自然"的形成，将引导社会舆论走向新闻传播对舆论实施调控的归点。

3. 社会舆论的趋同与稳定

新闻舆论形成之后，分散的社会舆论将在它的暗示和劝服之下逐步趋同。而随着新闻舆论与尚未趋同的社会舆论之间达到一定的比例，社会舆论便逐渐趋于稳定，出现所谓的舆论稳态。

需要特别指出的一点是，尽管新闻媒体对社会舆论的整合与扩张的结果不可能使社会舆论完全达到"一律"，而总是或多或少地存在着"不同声音"（事实上的"舆论一律"是不存在的），但这并不会影响舆论稳态的形成。舆论稳态的形成对于社会的稳定与发展的意义则是不言而喻的，这也正是新闻传播对舆论实施调控的最终归宿点。

三、媒介融合背景下新闻传播舆论的监督

(一) 新闻传播舆论监督的定位

新闻舆论监督要立足于正确的舆论导向,做党和人民群众联系的纽带,促进工作。这就是新闻舆论监督的定位。新闻舆论监督不仅要通过报道错误事件,揭露社会偏差行为,矫正偏离社会规范、党政方针政策、有害社会稳定和进步的思想与行为,制约负面舆论;而且要及时地反映人民群众的利益和愿望、意志和情绪、建议和要求,沟通、疏导、化解社会生活中的各种问题、矛盾,维护稳定大局,增进人们的团结。

(二) 新闻传播舆论监督的基本方法

常用的新闻舆论监督的方法主要有以下几种。

1. 公开批评

在新闻媒介上进行公开批评,就是"记者以敏锐的眼光,抓住有普遍意义的社会不良现象和社会偏差行为,进行直接揭露、批评,以批评报道打击丑恶,制约'越轨',起到舆论监督的作用"[①]。这是新闻舆论监督最直接和最常用的方法。

公开批评是一种比较激进的监督方式,将丑恶和错误直接昭示天下,从而起到法律所起不到的独特威慑作用,使犯罪分子产生畏惧感,但它触动了被批评者及相关方面的利益,因此要特别注意运用恰当,要做到以下几方面。

第一,要遵循法律,在法律许可的范围内开展批评,切忌有意无意地侵犯他人的人身权利,比如隐私权。

第二,要把握好自己的社会角色,不要越俎代庖,记者是社会调查员、新闻报道者,没有司法权力、行政权力,在报道中要慎下结论。

第三,要客观公正,实事求是,不隐恶,不虚美。

第四,要通过客观事实的自然逻辑显现出鲜明的倾向性,但不能是主观情绪的宣泄。

---

① 程世寿,刘洁. 现代新闻传播学 [M]. 武汉:华中科技大学出版社,2000:302.

2. 受众来信

受众来信是社会公众通过来信反映对社会问题的意见、愿望、建议、要求等，主要包括反映社会矛盾和社会问题的来信、表达自己的愿望与要求的来信以及对政府工作提出建议的来信。作为民意的最直接、最具体的表达，受众来信也是一种常用而有效的舆论监督方法，因为社会公众是社会实践的主体，他们与社会生活最接近，对社会情况最了解，他们的来信所反映的矛盾和问题能够及时地反映社会热点和难点，是新闻媒介进行舆论监督的重要材料来源。

我国的新闻媒介一向重视民意、重视受众来信，新闻界设置了"读者信箱""观众热线"等途径，更便于民意的表达。在使用受众来信这一方法时，要注意分辨、综合人民群众的共同意见，找出其中最有价值、最具普遍意义的部分，对它们加以充分地重视和利用，从而有力地促进舆论监督工作的进行。

3. 内参

所谓内参，就是对群众反映强烈、近时期内政府难以解决的难点，头绪复杂、利弊掺杂、一时难以判断性质、权衡利弊的问题，群众愿望或实际工作与政府政策不一致的矛盾性问题，有损党和政府整体形象的个别偶发事件，舆论监督遭到不法刁难、阻拦，稿件无法公开发表而又比较重要的问题，不采取公开报道方式，而是写成内参，为各级领导和有关部门提供信息、情报，促进问题的有效解决。它是新闻舆论监督中一种特殊而重要的方法。

内参属于"国家秘密"，阅读的人就是关键性的领导，将一些公开报道可能会引起较大社会负面效应但又不能拖、不能避的问题，写成内参，如实反映给有关部门、领导人，能够有效避免造成难以控制的社会波动，并及时引起领导者、权力部门的重视，从而及时疏导社会矛盾，这是很有必要的。

第三节　媒介融合背景下新闻传播的新发展

一、媒介融合背景下新闻信息的再认识

（一）新闻信息的多媒体特征

"信息是事物的存在方式和相互反映的运动过程，以及关于这种存在方式与

运动过程的陈述。"① 新闻传播活动所传播的信息，只是信息世界中极少的一部分信息，即含有新闻价值的信息，即为公众所关注的有新闻价值的信息。这些信息在媒介融合的背景和趋势下，表现出越来越强的多媒体特征。

首先，在媒介融合的背景和趋势下，新闻信息表现出可传递性、共享性、可转换性的特性，即新闻信息可以通过一定的传输工具和媒体进行传播，从而被人们感受和接收；新闻信息可以被众多主体共享，这是新闻信息的一个重要性质，也是它同物质资源、能量资源的一个重要区别；新闻信息可以从某一种形态转换和加工成另外一种形态；这些特性都决定了新闻信息需要依靠多媒体的支持，在短时间内，能够让信息被多方共享，并能将同样一条新闻信息能在不同的媒体之中处理加工，以文字、图形、影像、声音等形式呈现出来。

其次，在发布时间上新闻信息从产生、发出、接收到进入利用的时间间隔要尽量越短越好，这样才能保持新闻信息的时间价值。同时，新闻信息产生于自然界和人类社会的实践活动之中，随时间的变化而变化。新闻事实的发生、发展往往处于一个不断运动变化的过程当中，新闻信息也随之不断产生、积累，并呈现出不断丰富、不断增长的趋势。因此，新闻信息的发布应与新闻事实的发生、发展过程保持高度的一致，按照事物本身的发展流程来进行动态的报道。新闻信息的及时性及动态性，需要它有一个快速便捷的传播通道，以网络为代表的多媒体便可以达到这一要求。网络的即时性使信息的传递快速迅捷，往往一件事情发生不到两分钟即可上网，网络媒体可以做到实时传播、同步传播、连续传播；而对于一些重大新闻而言，广播电视媒体可以在第一时间以现场直播的方式进行传播，让新闻信息直达受众。于是网络、广播、电视可以协同作战，满足受众对新闻信息及时性的需求。而对于一些处于发展变化中的新闻事件而言，光有即时的、片段的信息发布是不够的，受众需要得到更完整的过程、更全面的信息，当其发生、发展告一段落时，可以通过报纸对这一新闻事件进行阶段性的梳理，通过周刊、杂志等周期更长的媒体形式对新闻事件进行分析与盘点。而这些渐进性的新闻信息同样也可以通过网络媒体、广播电视媒体中的深度报道性栏目进行报道。于是网络、报纸、周刊、广播、电视等媒体平台可以揭示新闻信息中的渐进性特征，为受众提供更加综合性的报道。

最后，新闻信息源于新闻事实，而新闻事实发生的原生态本身就是生动、鲜活、多姿多彩的。新闻事实在很大程度上可以直接诉诸人类的感觉器官，通

---

① 童兵. 理论新闻传播学导论 [M]. 北京：中国人民大学出版社，2000：6.

过影像符号直接与人类器官的视听双通道相对应，并通过对人类视觉和听觉的反复冲击，产生一种综合性的感觉联动和统一的感知效果。针对新闻事实这样的特点，新闻信息从内容上来看就具备适合于多媒体传播的特性。例如，对新闻事件发生、发展过程的直陈和展示可以借助视频、音频这样活动的影像和音响来组织、建构，即"电视适合过程，而不适合包装整洁的产品——（它）能显示各种形式发展过程的相互作用"，使传播呈现出一种具象性的结构形态，大大增强新闻的可视性和吸引力；而对事件过程存在的原因、发展的预测等信息的报道，则可以通过语言文字符号来处理，进行连续的分析与印证，使观众对事件的认知不再局限于事实的表象，而是在把握事实表象的基础上，进一步理解事件发生、发展的内在联系和本质核心。

（二）新闻信息多媒体流通的方式

1. 纵向沟通

同一媒体集团旗下的各个传播管理体系中上、下级之间的信息流动，就是新闻信息的纵向流通，如办报纸为自己的网络版提供信息，网络版受其管理、指挥。

2. 横向流通

新闻信息的水平流动就是横向沟通，它主要存在于不同媒体集团的各个媒体之间，同样也存在于同一媒体集团的各子媒体之间。如商业网站与传统媒体签订协议，有偿使用其新闻；又如某媒体集团下的几份子报之间的信息交流与共享。

3. 交叉沟通

由一个信息总控平台流向多个媒体平台是新闻信息的交叉沟通，它一般会在流通方面表现为新闻信息突破不同类型新闻媒介的相互分割，实现文字、照片、音频、视频等不同形式对其的统一存储、管理和处理；在信息流方面，要打破各种信息壁垒，使信息能够顺畅地流动，实现新闻信息无障碍交换和共享；在业务流程方面，要按照新闻的价值链和工作流程的最优化，进行新闻业务流程的再造，实现新闻信息的全程直通处理；在信息系统方面，要打通"信息孤岛"之间的相互阻隔，实现不同信息应用系统的无缝集成。

二、媒介融合背景下新闻价值的挖掘

新媒体时代来临，融合媒体工作环境下的新闻报道逐渐发生了化学药剂作用般的反应，这种反应迅猛而全方位，不同于以前新闻业任何一次单单得益于技术的提升或是办报思想变化所引发的改革，融合媒体席卷了整个新闻业的报道形式，包括工作模式、传播理念，同时造成了新闻工作者角色的再塑造、新闻行业格局新气象的来临。

（一）融媒报道与新闻实效价值的挖掘

时效性是新闻报道的基本特性之一，新闻的可贵之处就在于它的"新"。从传统媒体时代乃至新闻诞生的那一天开始，抢时效就是新闻工作者最常见的事，新闻媒体报选题、审稿件、做报道也以最基本的时效性为其衡量标准。可以说，对于时效性的追求经历了新闻史漫长的发展，仍旧是新闻行业最本质的特征。

融合媒体时代来临，新闻报道从一纸化平面报道以及几种几乎脱离关系、以各自形式独立存在的报道发展成为内容整合、形式丰富、成体系、内在联系逐步优化的融合报道。新媒体环境在将报道细分为更加具体多样的操作阶段的同时，又以其更为强大的整合速率推动各个操作阶段的连接。意即，融合报道拓展了新闻形成方式的可能性，这使得新闻产品面临更大时效性的挑战，同时又给予新闻报道一种更高时效性的可能。

（二）融媒报道与新闻显著价值的挖掘

传统意义上的新闻显著性价值，是指新闻事件参与者及其业绩的知名程度。一般而言，事件参与者的地位和业绩越显赫，新闻价值就越大。融合媒体环境的变化，也影响了传统意义上新闻价值要素中的显著性价值。

融合媒体环境对"新闻显著性价值"的改变首先体现在显著性外延的扩展上。简而言之，融合媒体环境所带来的新的社交平台及广泛应用的自媒体工具，拓宽了名人报道的渠道。这种扩宽不仅体现在原有的机构媒体能更便捷、更多方位地报道名人新闻。还体现在名人有了私人化的发声渠道，能随时随地进行"自我报道"。融合媒体环境使传统的新闻显著性有了更多的实现空间和呈现形式，显著性的外延被大大拓展。

三、媒介融合背景下新闻传播的变化

(一) 传播的主体和流程

以往的新闻传播，由国家或者是社会一些机构、组织向媒体提供信息，由记者对新闻的信息进行收集、整理、编辑，提炼精华，突出重点，然后再向公众发布。随着社会的发展和网络技术的应用，新闻传播方式从电台变成了数字化形式，受众获得了更多的信息获取途径，传统大众传媒的主导权逐渐被削弱，大众媒体迎来了冲击与挑战。[①]

在如今的互联网时代，大家都是媒体的阅读者，同时也可以是新闻的制作者和传播者。许多事件被民众曝光、传播出来以后，引发社会关注，产生了新闻传播效应。对现在的社会新闻而言，新闻的采编与传播不再局限于专业的记者、媒体人。普通群众也可以进行拍摄、编辑、制作，然后利用网络进行传播，让新闻事件得到广泛关注，让人们了解到事件的起因、经过和结果。这种新的新闻传播方式打破了以往的限制，通过即时信息播报平台，诸如新浪网、微博、头条等客户端进行报道、传播，让民众获得了第一时间的新闻，传播速率得到了大大提高。甚至利用网络直播的形式，还可以实时播报新闻事件，没有时间差。

新媒体传播具有快速、及时的优点，同时也存在一些问题。部分媒体或者个人为了吸引公众注意，存在夸大事实、虚构事件，甚至造假的现象，对新闻消息不加甄别，缺乏严谨的新闻态度，甚至哗众取宠、以讹传讹，利用不实事件来引领群众错误地理解信息，带来一定的负面影响。[②] 传播主体的变化，是媒介融合中的一个新趋势。

另外，在传播过程中新闻传播的流程发生了改变。随着传播媒介的不断整合，信息受众的改变，信息传播不再是一次性的，而是多次传播，多层次传播。除了对表面事件进行一次报道，还会对新闻事件进行全方位的播报。例如，某款手机新型号的新闻发布会提前对外放出手机相关信息造势，提醒公众注意。随后，举办专门的新闻发布会来详细介绍相关信息，通过各个媒体平台传播信息。这种传播模式是通过提前放出消息的方式来吸引受众注意力，培养兴趣度，

[①] 周皓. 媒介融合背景下融合新闻的传播特征与未来走向 [J]. 新闻潮, 2021 (1).
[②] 宋瑞敏. 媒介融合背景下我国电视新闻的创新研究 [J]. 西部广播电视, 2019 (20).

再通过详细性能展示和介绍来吸引买家，引导受众购买产品。

（二）传播方式和人才需求

从社会的角度来看，媒介融合的新闻传播有许多普通民众参与其中，内容泛滥，新闻同质化，导致信息传播过度的现象发生。这就对从事新闻传播人员的职业素养提出了要求。自媒体时代，人人都可以发声，但不是每个人都能胜任这项传播工作。① 因此，在传统媒体与新媒体融合过程中，需要注意用好人才资源，依靠专业的人做专业的事。让有专业技能的人才和具备新闻素养的人员来挖掘有效新闻信息，再经技术人才加工处理通过网络的方式传播出来，以保障新闻的专业性。媒介融合的介入让新闻的发布与传播方式变得多样化，更能吸引受众的关注。这才是有生命力的新闻。这就对新闻从业人员的职业素养提出了更高的要求，需要具备综合素养的人才来策划和发布新闻，需要掌握新技术同时还要具备媒体经验的人才来加工新闻，以此来适应时代的发展。

（三）新闻内容的传播

基于媒介融合背景下，新闻传播不再是单一的信息再现式传播，而是对新闻事件本身多维度的还原与再现，除了让观众直观地看到新闻全貌外，更配合有深层次地挖掘、剖析、解释与思考。例如，我国开两会的时候运用新媒体技术进行全方位报道，利用现在的5G等尖端技术完成全景直播和现场各场景拍摄，丰富新闻内容，让受众更加直观地看到新闻面貌。

第四节　媒介融合的产物——融合新闻及其传播策略

一、融合新闻

美国著名传播学者戴瑞尔·莫恩（Daryl Moen）把"融合新闻"称为"多样化新闻"（Multiple journalism），主要指采用多媒体手段进行新闻传播活动。不同的媒体，如报纸、电台、电视台和网站及手机等，都集中在一个信息操作平台上，统一策划、互相协调、优劣互补，根据各自媒体和受众特点对信息分

---

① 沈渭霞. 浅析媒介融合背景下广电全媒体发展路径［J］. 中国报业，2021（10）.

类进行加工，发挥各自传播优势，有针对地对特定受众传播，从而有效地提升传播效率和传播到达率。①

一般地，融合新闻至少要包括以下几种要素。

（一）多种媒介传播符号

融合新闻又称为多媒体新闻，将文字、图片、视频、音频、动画等不同的媒体形态集中在一次报道中，利用多媒体手段进行新闻传播活动，提高信息传播的吸引力和影响力。在融合新闻中，文字、图片、视频、音频、动画不是简单地、机械地堆砌在一起，而是根据实际情况决定到底采用哪些传播符号。2016年4月21日上午，七次格莱美奖获得者、美国超级巨星"王子"（Prince）去世。《纽约时报》App推出的报道不仅有详细的文字，还嵌入了"王子"近期的演出、《纽约时报》过去对其的专访、著名专辑片段、最受欢迎歌曲排行、民众献花悼念、奥巴马总统表达悼念等视频、音频、图表等信息。

（二）组合式叙事结构

不同于以往报纸、广播、电视的线性报道结构，融合新闻采取组合式叙述模式，整合多种媒介形态立体化诠释表现对象，即把大量有价值的信息有机整合，并利用多媒体技术立体化呈现，丰富用户的阅读体验。曾被知名媒体博客评价为2012年年度十佳线上融合新闻案例的《背叛者的关系网》，就很好地使用了这种组合式的非线性结构。恐怖分子黑德利复杂的"背叛网络"如果按照线性结构叙述的话，恐怕需要大费周折才能将其清晰勾勒出来，同题材电影纪录片《完美的恐怖分子》就长约1小时。而《背叛者的关系网》则用图形符号按照新闻事件发展的内在逻辑直观地为观众描述出一张关系地图，链接了文字、照片、声音、视频等相关信息，用户通过点击其中某一个图形符号，发现新的关系节点，更多的内容便以可视化的形式呈现。"背叛网"不仅让受众感受到了全新的新闻融合方式，还让他们变为积极的参与者，让他们主动去发现信息，极大地提升了信息获取的效率，用户几乎能够在短短的6分钟内，根据自己的意愿，了解电影纪录片的所有内容。② 第28届中国新闻奖融媒界面项目一等奖

---

① 蔡雯．"融合新闻"：应用新闻学研究的新视野 [J]．淮海工学院学报（社会科学版），2007 (3)．

② 刘骏瑶，于洋，彭兰．交互视频：融合新闻新的呈现方式 [J]．新闻界，2014 (7)．

作品《长幅互动连环画丨天渠：遵义老村支书黄大发36年引水修渠记》除了有图文报道之外，制作者还在作品中融入了当地的歌谣音频、360°VR实景图、相关人员采访录音、村民的日常生活视频等等，读者能够听到并看到当地人所听、所看，对新闻事件有更加立体化的感受，从而获得更好的沉浸式体验效果。

（三）注重交互性

网络具有强烈交互性，基于网络而出现的融合新闻，天生具有网络技术的基因，因此交互性也是融合新闻的重要特性。交互性描述被分为四个层级：观看、浏览、使用和控制，层级越高，交互性越强。融合新闻交互性的重点是对用户地位进行重新定位，用户由被动接受信息，变为主动选择、获取信息，生产信息。融合新闻可以充分利用技术便利，使用户产生"自由选择感兴趣的内容"的阅读体验。譬如在《纽约时报》和加拿大国家电影局合作的《高层建筑简史》中除了传统文字、图片以外，还添加了游戏、点击触发视频等内容，用户通过点击、拖拽、滑动等动作决定点阅报道的内容、顺序、速度、范围、形式，形成需要读者自行探索的阅读体验。再比如，《长幅互动连环画丨天渠：遵义老村支书黄大发36年引水修渠记》介绍修渠时遇到的灾害的部分，其各种音效和图像并不会随着用户滑动屏幕自行显现，而是需要读者点击"声音"图标才会出现，这样的设计既带给读者惊喜感，也给予读者掌握信息控制权的满足感。融合新闻的交互性还体现在可以设计多样化的互动环节让受众参与，为人们的阅读和观看提供更多选择和体验。《高层建筑简史》就开发了可供平板、手机平台观看的版本，提升用户的收受体验。融合新闻还可以兼具社交功能，通过留言、论坛、微信、微博、一键分享等发表意见、分享信息，实现媒介与用户之间、用户与用户之间的深度互动与多元参与。在《高层建筑史》中，"家"和"读者故事"的内容全部来自用户，用户通过图文的形式向《纽约时报》提供素材，而制作团队则通过资金和技术方面的投入把这些看似零散的信息进行深度包装和二度整合。

二、融合新闻的传播策略

（一）融合新闻内容的传播策略

传统媒体的内容观主要体现为单一传媒产业语境下的一种静态内容观，单一化的内容体系与线性的传播方式使得内容的生产、集成和应用已经无法满足受众的多样化需求，内容的表现形态也呈定势发展，无法延伸产品的内涵与价值。在新媒体时代，内容仍然是传媒产业的核心和支柱，融合模式是媒体提升自身传播能力的重要途径，融合新闻作为新媒体时代下媒介融合的产物，打破了各媒介原本的固有界限，在内容生产、制作和发布环节都有许多革新之处，体现出了媒介融合趋势给新闻传播实践活动带来的革命性变化，因此探寻实用的内容整合模式对媒体的优化发展具有积极意义。

1. 内容生产策略：由单一化内容生产模式转向全媒体合作生产模式

传统媒体的内容生产流程在总体上呈现为一种垂直化的结构模式，在新闻资源的调配方面只能通过单一方向自上而下获得，内容往往是一次生成，一次使用，媒体集团下的各媒体也呈现分立状态，各行其是，相互之间的联系与合作不多，只能在小范围内协作。此外，在内容资源的分配方面，报纸媒体主要以版面为导向，广播媒体和电视媒体受制于节目的时长因素，这就决定了传统媒体的内容生产逻辑会围绕着这些方面进行设置，采编权力受到一定制约。随着网络技术和数字技术的不断崛起，媒介渠道逐步增多，新媒体应运而生，受众对新闻内容的需求量也相应增多，面对不断变化的媒介生态环境，传统媒体需要对自身的内容生产流程模式进行整体性重构，通过"一次采集—多级开发"的模式有效提高媒介资源的利用率，着力节省新闻机构的生产成本和劳动成本，延伸内容产品体系，最大化地实现产品价值，增强新闻媒体的传播能力，因此，对多种媒体形态进行重组改革、融合新旧媒体的特性对内容进行创新、变革原有的关系结构势在必行。融合新闻在内容采集方面，首先，需要建立一个统一化和开放性的新闻中心，用于控制和协调不同形态媒体前端的信息采集工作，在全方位信息采集的理念下，形成初级新闻产品资源库，供各种媒体使用；其次，新闻机构还需专门增设一个新闻协调部门，用于统筹规划媒体采集来的所有新闻资源，对素材能够进行清晰有序的整理分类，把适用和不适用数字内容编辑的素材分别归档，然后各媒体根据不同的内容形态进行规划，同时新闻协调部门也能及时了解和处理传统媒体与新媒体的在采集信息过程中产生的各种问题，优化双方的关系；再次，各媒体应建立一个通用内容集成平台，以便于对内容进行统一设计和策划，融合新闻是对不同媒体传播功能的融合，这一价值观是建立平台的前提和基础，通过全媒体采编系统的技术支撑，由一个内容中心点出发，面向所有媒介协作生产，来实现各个流程环节与平台的衔接，形成一体化的生产链，进而实现新闻增量。

总之，融合新闻需要汲取各媒体的优势，在内容的采集环节中努力实现内容资源的最大化利用，合理分配人力资源，形成合作化的内容生产模式，以此来降低各个媒体在内容生产平台的生产经营成本，提高经济效益。

2. 内容制作策略：由一次开发制作转向层级开发制作

融合新闻倡导多种媒体共同合作创造不同类型的新闻产品，这就使得过去单一运作的传媒企业需要通过自主合作的方式，形成强强联合的局面，打破各自为政的新闻内容制作模式。融合新闻提供的内容是通过不同属性的媒介重组和整合的，但是这种整合并不是单纯地将信息按照一定顺序组合在一起，而是需要变革生产方式，形成多层内容开发制作模式。融合新闻在上游环节的信息采集环节中，革新了以往传统新闻采集的模式，由单一介质媒体的单独采集转换为多媒体合作采集，在中游的新闻产品制作环节中，也发生了一些变化，主要是以"层级开发"为主要特征。各媒体在制作融合新闻时，首先需要进行素材处理，然后各媒体基于自身的本体特征和传播特点，根据目标受众的不同需求进行专题制作，形成多形态的内容产品。在融合新闻阶段，平面媒体、网络媒体、手机媒体等相互补充，以互联网、手机为中心呈现出"文字+图片+音视频+互动"的四位一体形态，大量发布融合式新闻。以往传统新闻在进行内容产品制作时，一般采用"一次生成、一次使用"的方式，融合新闻通过整合报纸、广播、电视、网络、手机等各种媒体的内容资源，在制作环节中注重对多个媒体进行二次开发、三次开发，甚至是更多层次的开发，以此保证融合新闻在内容上的高品质，实现内容增值，最终形成全介质、多元化的产品组合，这些制作策略能够满足广大受众对信息形式多样化的需求，吸引更多目标受众的关注，保障媒体的持续壮大和发展。

3. 内容发布策略：由单一媒介发布转向全介质发布

数字技术和网络技术的发展打破了传统媒体和新媒体之间独立经营的生产形式，实现了信息的跨媒体传播以及媒介间深层次的融合，形成了多种媒体共融的生态环境。所以，要应对多元化的互动传播格局带来的挑战，最有效的办法是推动全媒体新闻传播模式的构建，重新定位媒体的信息生产和传播流程。

融合新闻的发展过程实际上就是借助于数字技术，传统媒体和新媒体之间打破原有介质、市场边界，共享新闻资源，实现多种媒体信息的组合、利用和加工，然后通过统一的数字信息发布平台展示新闻产品，以不同的终端形式对各个细分市场的目标受众实现无缝覆盖，扩大整体的内容影响力和覆盖率，实现多方媒体的共赢和价值互联。终端作为一种新的技术应用，在整个媒介产业链中发挥着重大作用，很多时候，终端的改变就能引起整个产业链条的变化。融合新闻需要借助多媒体的数字系统，通过对电子报纸、数字广播、数字电视、网站、手机报等多种形态媒体终端的延伸，并以此作为链接平台，扩大对广大区域的覆盖率，实现内容增值。融合新闻在发布与传播阶段，需要根据不同媒体的传输速度来决定传播内容的顺序，在一定程度上完成对内容的层级开发，更好地发挥不同信息的传播效果，满足受众的多元化诉求。

（二）融合新闻报道方式的传播策略

新闻报道方式是媒体传播信息的一种动态表现，在传统媒体时代，传统新闻报道囿于技术资源的有限性，只能配合自身媒介属性实行单一化的内容报道方式，在一定程度上限制了受众获取信息的多元选择性，传受双方在传播过程中的互动频率也较弱，传播者也无法及时获得受众的反馈和意见，导致信息传播效率较低。随着现阶段快节奏生活的发展，特别是进入信息化时代之后，受众追求个性化信息和掌握主导权的意向越来越强烈，传统媒体时代新闻的报道方式和传播形式已经远远不能满足受众的这些基本需求了，而基于媒介融合背景产生的融合新闻，能够综合图像、文字、声音、视频、动画等多种元素进行自由组合，形成电子报纸、数字广播、数字电视、网络新闻、手机报等多种产品，新闻报道方式丰富多元，并且十分注重与受众的深层次互动，受众可以自由选择所需要和感兴趣的接收形式，传播者也可以通过网络媒体第一时间了解受众对信息的认知和感受，并及时根据受众的兴趣点来进一步完善报道，便于为受众提供个性化和全方位的信息，融合新闻报道方式的这种转变大大提高了各个媒体的信息传播能力，拓展了受众资源，有助于增强内容的传播效果。

1. 融合新闻报道理念策略：进行时与全天候

在传统媒体时代，报纸、广播、电视等传统媒体受时间和空间、自身传播介质、线性运作生产方式等限制，存在一些弊端。例如，第一媒体报纸，它以文字的形式传播信息，版面容量有限，并且要求读者具有一定的文化水平，一份报纸的面世需要经过编辑、排版、印刷、发行等环节，传送到读者手中的时候可能已经不是最新发生的新闻了，新闻报道的时效性和时新性已经大打折扣，在重大的突发事件面前，报纸的传播速度和效率更是跟不上新闻的进展情况，受众也无法及时和报纸展开双向的互动交流；广播的出现在一定程度上弥补了报纸媒体的传播速度慢、时效性差的缺陷，同时对于受众的文化水平也没有更高限制，但是声音广播稍纵即逝，存储不方便，受众只能按照广播的时间线进行被动收听，听众的主动选择权受到限制；电视媒体声画合一，直观形象，受众可以自由选择电视内容，但是电视传达的定势深度信息较少，保存性较差，广播媒体和电视媒体虽然能在第一时间配合新闻报道，但是单向的线性运作方式也使传播内容和传播时间受到极大限制，人们只能在固定的时间接收固定的信息，内容容量极为有限，在报道新闻事件时，传统媒体各自为营，缺乏一种强强联合的报道理念。当前是一个信息爆炸的时代，面对每时每刻在世界上任何角落发生的事件，新闻报道所要体现的宗旨就是"NNN"，它包含了第一时间、第一现场、第一需要的进行时理念，过去传统媒体时代的新闻报道理念已经远远不能满足受众知晓新闻的迫切心态，所以传统媒体之间以及传统媒体与新媒体的合作势在必行，融合新闻作为在媒介融合环境中带有融合理念的新闻产品，彻底颠覆了传统新闻的采编范式，它的基点是要建立一个由不同形态的媒介组成的信息采集和发布平台，利用不同形态的媒介来采集和发布信息，通过对新闻资源的多级开发转变新闻报道方式，从而实现新闻传播方式的变革。在融合新闻中，媒体记者可以将新闻制作的各个环节全部融入数字化流程，并以现代传播技术为手段进行新闻信息的 24 小时全时空滚动播报，从不同角度即时发布信息，实现全天候滚动报道的格局，努力提升各个媒体的新闻生产效率和信息传播能力。在融合新闻理念指导下，新闻报道方式已从平面化的线性方式转化为立体化、个性化、互动化的全新方式。

2. 融合新闻报道体制策略：集团化与多功能

传统媒体的采编报道通常是"泾渭分明"，报纸、广播、电视各行其是，平面媒体和广电媒体都有各自报道的侧重点，不同的媒介依据自身的特点形成了独立的新闻运行体制。后来由于全球性的经济衰退、互联网的兴起、传媒市场的竞争压力等原因，传统媒体遭遇生存危机，所以面对不断变化的生态环境，为了能在激烈的市场竞争中求得生存机会，传统媒介的组织结构渐渐发生转变，开始以媒介集团的形式出现，各媒体逐步打破地区、部门的界限，在新闻的采集、制作、报道等环节寻求合作，期望获得规模效益。

后来，随着数字技术和网络技术的发展，边界开放、容量无限、形式丰富的新媒体逐渐崛起，在传媒市场中成为主力军，占据有利地位。在现今传媒发展语境下，传统媒体在经历了彼此之间的整合互动之后，也开始一步一步向新媒体渗透，新旧媒介融合的力度、深度和广度不断增强，建立在媒介融合基础之上的融合新闻，在体制方面也转变和革新了传统媒体的报道流程，呈现出多功能一体化的趋势，在报道新闻事件时，各媒体的记者应达成共识，统一行动，集中全体力量报道新闻事件，如果是采访比较紧急的突发公共事件，新闻记者在采访现场应该首先借助手机等移动通信工具发布简明扼要的短新闻，然后在时间充足的情况下再转向网络媒体发布图文并茂的网络新闻，在这个阶段中，融合新闻记者既需要掌握传统新闻的写作技巧，又必须能熟练使用各种新媒体，最后阶段记者再深思熟虑，撰写发布在平面媒体的深度文字报道，努力呈现给受众既有差异又能全面展现事实的新闻产品，融合新闻报道要集合多种观点的内容，实现新闻的高质优化传播。

3. 融合新闻报道形式策略：全景式与多角度

全景顾名思义就是从360度全方位地展示所有景象，它能带给人们全新的真实现场感，交互性强。全景式新闻报道，即新闻记者运用先进设备从时间维度和空间维度全方位整体性地展现新闻事件的真实面貌，使受众能够360度全景观察新闻事件，了解事件的本质和多层面信息，有身临新闻现场的强烈感受，深化对新闻事件的关注度和理解力，随之能与传播者形成积极的互动，进而增强新闻事件在社会中的辐射力和影响力。传统新闻报道由于受自身媒介属性的限制，只能纯粹地读、听、看，报道形式相对单一。报纸作为平面媒体，只能以单一的文字和图片形式展示新闻事件，并且报纸的版面容量有限，无法及时得到内容的延伸和扩展；广播媒体以声音为表现形式，这些都难以满足受众对新闻事件亲历感和现场感的需要；电视媒体声画兼备的特质虽能满足受众的这些需求，但是保存性差，画面内容稍纵即逝。随着信息处理技术、信息传输技术和网络技术的发展，传统媒体和新媒体之间呈现融合态势，跨媒介的团队合作越来越多，新闻报道形式也越来越多样化，这些在很大程度上弥补了传统新闻报道的不足之处。融合新闻通过采用多媒体手段进行全景式的新闻报道，督促多媒体记者在新闻现场用不同形式将采集到的第一手文字、图片和视频进行汇总，以全方位立体化的方式报道，第一时间让受众可以近距离地获取新闻事件的来龙去脉以及现场进展，在视觉传达上努力做到丰富多样、形象生动，以此吸引受众持续关注。在媒介融合时代，由于多个媒体共同加入一个市场，因此在很多情形下会导致内容同质化、报道无序化现象的产生，融合新闻在报道形式方面应该强化受众需求和用户体验，形成特定的新闻推送模式，体现异质性的报道特色。

4. 融合新闻报道手段策略：分众化与互动化

用户更细分，这是融合时代用户的鲜明特征。在传统媒体时代，新闻报道的手段较为单一，已经远远不能满足受众群体的分众化需求，数字技术和网络技术的发展带来了多元化的播放平台，不同媒体之间的融合能使受众更加便捷地获取信息，同时也越来越倾向于接收包含文字、图片、音频、视频、动画、论坛等多种形式的即时性信息。"央视索福瑞媒介研究（CSM）"在2008年5月的360跨媒体受众研究的基础研究（ES）中发现：受众在新的传播环境中，已形成了跨媒体使用的媒介行为。

不同群体、不同类型的受众接触媒体的喜好不同，因此，融合新闻在生产发展过程中，应紧紧抓住受众的这一特征变化，明确目标受众的心理，制定分众化的发展战略，传播有创意的新闻产品。传播新技术个人化的传播特征为受众搭建了一个开放的、平等的传播平台，它允许受众广泛地参与信息传播，同时，鼓励和刺激受众积极生产传播内容以建构自身的话语权。依托传播新技术发展起来的融合新闻应该鼓励受众积极参与内容生产过程，加强双方的互动，挖掘受众的真实需求，以此为出发点为受众提供定制化的新闻产品。

第五章 融媒体时代电视新闻的传播

随着信息技术的快速发展,今天人们已经进入了网络媒体时代,网络媒体成为人们获取信息的关键场所,而电视新闻成为给人们提供权威信息的平台,从电视新闻的采编到播发,电视新闻传播工作中的很多环节都发生了质的变化。在这种背景下,创新电视新闻工作方式,在融媒体时代的引领下做好电视新闻传播发展创新需要相关从业人员展开更深入地思考。本章主要对融媒体时代电视新闻的传播进行具体剖析。

第一节 电视新闻概述

一、电视新闻的概念

电视新闻是以现代电子技术为传播手段,以声音、画面为传播符号对新近或正在发生的事实的报道,是电视中各种新闻性内容和报道的总称。①

二、电视新闻的特点

(一) 新闻传播的即时性

在现如今这个讲求效率的社会,新闻的时效性与其传播速度密不可分。广播与电视传播新闻的迅速、快捷已毋庸置疑。电视和广播新闻以电波为载体进行传输,其速度达到每秒 30 万千米,都可以做到对新闻事件的同步报道。电视台在强大科技进步的支持下,最大限度地满足了观众第一时间得到新闻资讯的

---

① 荣乐娟. 新闻写作概论 [M]. 北京:中国政法大学出版社,2005:236.

迫切需求。电视不同于报纸，每天可以有几次播出，共播出若干小时，有的国家几乎一天24小时都有电视节目，每一小时或每两小时就播一次新闻节目，观众从电视上获得信息的次数很多，几乎随时都可以获得最新消息。这样就要求电视记者随时随地不断地将拍摄的最新事件告诉观众，电视新闻的即时性给观众带来了随时了解最新信息的便利条件。

伴随着新闻事业的发展，即时性显得越来越重要，一直是新闻行业的竞争力所在，无论是平面媒体报纸，电子媒体广播电视，还是网络等新媒体，谁能将新闻更快地报道出来，谁就能在竞争中取得优势。

电视新闻的即时性，在组织连续报道时有它独特的优势。只要是需要及时传递给观众的信息，电视新闻都可以随时随地地向观众报道。它不仅可以组织长间隔的连续报道，而且可以进行一天内变化的连续报道。不仅有现场报道，还可以跨洲际，把世界纳入采访范围，组织起全球的网络，即时对新闻事实进行全方位、多侧面、多角度、多层次、连续不断的立体化报道。

（二）事实报道的传真性

新闻是对事实的报道。真实是新闻的生命。电视新闻，可以通过摄像机镜头，对新闻事实、事件发生发展的进程进行记录。把新闻事件的原始风貌、真实场景不加"中转"地再现给观众，使观众对新闻现场及氛围"耳闻目睹"无须想象而直接感知。

再现事实的传真性，使得电视新闻的可信性程度提高，画面传达新闻现场的视觉因素，具有"耳闻目睹"的佐证价值，给人带来不容置疑的真实感，电视新闻的画面与新闻事件的发生、发展共时空，它所记录的物质现实的真实和由此传达出的事实的本质真实是同一的，因而是最真实、最直接、最具体的事实的凭证，具有极高的可信度。[①]

（三）传播手段的综合性

无论是广播还是报纸，都属于单通道传播媒介，要么付诸文字、图片，要么借助于声音。而电视是以电视视频信号和音频信号同时传播信息的，是双重信息的传播。受众可凭借视、听两个通道接受刺激，获取信息。因此，电视新闻具有传播手段的综合性。

[①] 乐娟. 新闻写作概论 [M]. 北京：中国政法大学出版社，2005：237.

电视新闻主要是以画面和解说作为表达方式的。从视觉画面而言，它包括整个新闻事件的人物形态和现场环境，通过动态视频、照片、图表、动画以及文字来说明；从听觉上来看，配合画面有解说词、音乐、音响、同期声发挥作用。它综合了广播、报纸、摄影等表达方式的有用部分，形成了自己的一个特点：用视频信号和音频信号同时传递新闻信息。而这些声、形、光、色等元素在节目中不是孤立地起作用，它们之间不但是一个相互补充的关系，而且是一个相互加强的关系，在扩大信息量的同时，还能产生多意引发的艺术效果，进而提高传播的效果。

电视新闻的综合性特点，使它具有传播符号多、表现手段兼容的天然优势。电视的多元信息符号不仅是声音和影像的整合，还有文字、报纸、图示、图表等信息符号，它不是不同媒体符号的简单相加，而是围绕着主体信息的多种要素的多逻辑、多线索的集成。随着电视制作技术特别是数码技术的发展，一个电视频道拥有同时传播两个以上新闻信息的能力。它和相等时间或相当篇幅的广播、报纸新闻比，信息量超过了报纸和广播。

（四）传播内容的真实视像性

电视新闻的采访报道可与新闻事件同时进行，它将图像、声音、文字等符号直接作用于观众的感知器官，形象生动，它是新闻事件发生、发展的现场记录，它在多数情况下容易被人们接受。新闻的采访报道，最理想的时机就是在新闻事件的发生、发展过程中，亲临现场、耳闻目睹，写出真切感人的报道，拍出生动逼真的形象。可以说，电视新闻最吸引人的地方就在于此。电视新闻运用电视画面把具体和可视的典型形象通过电视屏幕呈现给观众，它所报道的事件和人物，是电视记者和被采访对象面对面的交往，是摄影机镜头对现实生活的真实记录，是形象的纪实。它所报道的对象，绝大部分是正在发生的事件和事件的延续，是新闻人物正在做的事情。电视新闻把观众带到现场，亲眼观看、亲耳聆听，体会新闻的主要内容。央视新闻节目改版后，为增加新闻报道的真实性，在画面表现上做了积极探索和较大努力，如增加了记者的出镜率，事件现场感大增。

（五）传播内容的观众参与性

"亲临其境"是人类感知事物的最高级的形态，"耳闻目睹，身体力行"，是人们感知事物的普遍心理追求，而事实上，真正做到这一点是不容易的。在大多数情况下，人们只能借助于传播媒介去感知更多的事物。因此，在传播学中，观众参与性的含义是指受众对传播内容的心理介入和传播过程的亲身介入。

（六）传播范围的深广度

电视新闻由于其具有电视的特性而使真实的视听符码跨山越水，翻山渡河，使之到达每一个空间，让更多的人及时了解到更多的信息。由于不受年龄、文化程度的限制我国电视观众人数众多，观众多层次的参与最大程度上满足了大众传播的要求。电视新闻的广泛传播使得新闻信息社会共享，使观点意见的分析探讨形成社会共识，从而起到组织、引导舆论的功效；电视新闻全球化传播扩大了社会性的外延，电视新闻社会性的含义也因此更为广泛。再者，从心理层面而言，电视新闻面对面的交流、传播信息使观众在心理上产生强烈的参与感，使观众感到平等、亲切，进而使观众积极参与地到节目的报道中。这样既激发了观众的收视兴趣，又满足了观众对电视新闻的审美要求。[①]

第二节 融媒体对电视新闻传播策划的影响

一、融媒体对电视新闻传播策划的积极影响

（一）丰富了新闻信息来源

以往的电视新闻线索来源可以划分为两大块：一是每个新闻节目固有的热线电话，二是靠记者走出去扛着摄像机拍摄获得。但是融媒体时代改变了电视新闻传播线索的来源。

1. 新闻线索不再拘泥于热线电话

热线电话对于以往的新闻节目而言是线索的主要来源，如山东广播电视台的齐鲁频道，该频道曾是我国地面频道的"四小龙"之一，在21世纪初齐鲁频道已经有了将民生新闻作为电视台办台重点的意识。齐鲁频道的新闻热线更是一直伴随着该频道的《拉呱》等民生节目沿用至今，热线电话是齐鲁频道接收

---

① 李燕临. 电视编导艺术 [M]. 北京：国防工业出版社，2011：134.

民生新闻线索最重要的渠道。

依托先进的技术和良好的交互，微博、微信、新闻类 App 以及其他新媒体都已经成为新闻线索的第一来源。大部分情况下，新闻事件发生后，第一现场往往出现在人们的微信群或者朋友圈动态里。被广泛传播后，电视台才得到线索，此时新闻现场早已消失，电视新闻不得不着手做新闻的第二落点。以往的电视新闻线索是通过热线电话获得的，对于该线索的价值判断更多的是从电话中了解，所以极易出现信息不对称的问题。但是微博和微信这些沟通平台不但能实现语音沟通，现场位置等具体信息也可以利用这些平台实现实时传输，让记者在采访之前就能对新闻线索做出初步评价，基本解决了信息不对称的问题。

2. 新闻素材不再只靠记者采访

好的新闻现场稍纵即逝，记者经常与其失之交臂。如果记者不到新闻现场采访，就没有画面也就无法在电视上播出。

由于互联网的不断发展，智能手机和电视等慢慢地演变为一种大众消费品。网络媒体和受众之间存在着非常密切的联系，尤其是原有的突发事件，记者因为时空等限制因素，往往很难在第一时间掌握最新的资讯，对于网络媒体而言，这样的时空限制不复存在。随着智能手机的升级和社交软件分享的便利化，处在突发新闻第一现场的每一个目击者都可以作为"现场记者"拿起手机记录下新闻第一现场的原始画面，普通受众用手机拍下的这些原始视频，可以在电视新闻记者错过第一现场的情况下，成为电视新闻的第一手素材。而这些素材通过微博、微信以及大量的视频软件上传到网络后，新闻记者足不出户便可以轻易获得新闻现场的第一手资料，大大提高了新闻产品的生产效率。

（二）受众参与性有所提升

以往的电视新闻主要是单向传播，所以受众对于资讯的接收是被动的，节目内容传达了什么，受众就只能接收什么。然而，在融媒体时代，传播载体和传播渠道变得越来越多元化，提供给受众的选择空间也越来越大。尤其是近年来互联网和智能手机的发展和普及，人们获得资讯的渠道方式越来越多，甚至只是轻轻点击都可以让人们及时获得自己所需的信息和资讯。一条新闻可以通过多种途径运用多种媒介手段实现全方位的展示，同时，根据自己的收看频率和偏好，受众不仅能够主动搜索节目和控制节目观看进度，而且还能够任意回放感兴趣的内容。

另外，新媒体使用的便捷性也让受众更加积极主动地参与到信息传播中去，有利于社会公共信息的传播。和自己喜欢的名人近距离对话等这些新媒体的个性化定制服务正是电视新闻无法给予受众的，所以新媒体的受众在一定意义上可以看作是电视新闻受众的分流。

在融媒体时代，新闻传播的互动性增强，必然前提是受众参与性增强。现在互联网制造出来的新的社会性给予权利的方式实际上是关系赋权。在媒介环境变化的作用下，以前从事媒体的电视新闻工作者，现在也慢慢地在新媒体环境中适应下来，他们把自身的位置从宣传传统新闻媒体的角度换成供应资讯的人，渐渐地传播变得更加多角度，互动也更多。

近年来，为了使电视新闻类型的节目和观众实现互动，电视媒体除了强化传统的互动形式外，还利用用户数量和活跃度高的社交软件来实现电视新闻节目播出时与受众的实时互动。

二、融媒体对电视新闻传播策划的挑战

（一）对受众群体的挑战

随着微博、微信、头条新闻等新媒体的发展，电视新闻在信息传播速度、新闻信息量、互动性等方面的劣势逐渐凸显了出来，而电视新闻节目的受众群体也因此迅速流向了众多新媒体平台，虽然当前很多电视新闻媒体都开始尝试以新媒体平台为依托进行转型，但由于受众的信息获取习惯已经养成，其实际效果并不理想。[①]

（二）对经典传播理论的挑战

1. "议程设置"理论解构

"议程设置"理论强调，大众媒介对信息的传播虽然不能够决定受众对于一个新闻事件或社会现象的观点，但是可以通过在某一时间段内有计划地突出报道某些信息，以此来引导受众思考的内容，这种报道或者说话题的设置就是议程设置。在传统媒体时代，以报纸、杂志、广播电视为代表的媒介形式占据着社会传播的主流地位，议程设置是这些媒介影响社会的重要手段。

---

① 许国栋. 融媒体时代电视新闻的传播策划 [J]. 数字通信世界，2020（3）.

然而，融媒体时代的到来颠覆了传统的信息传播模式，不断进步的技术打破了内容生产的壁垒，使得生产新闻内容的成本越来越廉价，同时信息传播的时空格局也被改变，出现了信息大爆炸的态势，内容资源由传统媒体把关主导的"匮乏状态"向"丰裕状态"转变。现如今，人人都可能成为信息的生产者和接收者，因为网络的诞生大大提高了信息传播的参与度。融媒体时代突破了传统大众传媒的局限，人人都能够参与进来，形成公众舆论，并汇聚成强大的公共声音，激起民众共鸣。如果是在以往，在传统大众传媒占绝对主导地位的条件下，信息的筛选是极其严格的，一些不实消息或是琐碎冗杂信息片段即使传播开来，影响的范围也很小，而现在，任何消息都有概率能够流传开来，无时无刻不在冲击传统的大众传媒。

2. "沉默的螺旋"效应的解构

"沉默的螺旋"理论强调，观众会先对社会上的舆论环境有所了解后再发表自身的想法，在了解到自己的想法和社会上的想法一致的时候，就会更加有力地表现自己；但是当自己的想法和社会上的大众想法有所区别甚至相反的时候，在不想被社会排斥的时候，就会选择默不作声或者赞同其他人的想法。如此一来，这一部分人作为弱势的群体便沉默了，使另外的群体变得越发强大，导致有优势的意见变得更加牢固，弱小群体的意见变得更加微弱，这就是形成螺旋的一个过程。

导致"沉默的螺旋"形成的重要原因是人们得到信息的途径比较单一，大众普遍把媒介形成的观点作为一种大众的观点。以前进行大众传播时是把媒介作为信息提取和加工后进行传输的过程，这样的传播是较为单一的，大众变得更容易"沉默"。融媒体时代极大地拓展了信息传播的渠道，传播媒介的信息来源不再单一，受众可以同时使用网络讨论和在贴吧以及微博等各种各样的平台来发表自己的意见和想法，同时由于网络存在匿名的性质，人们在发表自己的想法之后不用担心遭受到言论的批评。并且交互式的传播使人们在快速广泛的信息交流中掌握了主动权，寻找观点一致的"伙伴"变得不再困难，这也就使受众不会再轻易陷入"沉默的螺旋"。

3. 融媒体时代"把关人"的变化与缺失

在大众传播媒介之中，"把关人"存在是必不可少的，包括允许传播的相关规定和传播渠道。此外，其功能具体包括四个方面：一是对传播信息的充分审查确保信息的高质量；二是进一步加工已经传播的信息；三是给出带有评价性和指示性的总结，给出自己的角度和立场；四是在良莠不齐的信息中做好区分，让优质信息广泛传播，引导公众提高信息筛选的能力，营造风清气正的信息传播氛围。

然而，"把关人"特殊的社会定位要求个人水平较高。融媒体时代信息繁杂，互联网充斥着各种各样的信息，新媒体的迅速崛起一改传统信息发布放射状的结构，信息量指数级增长，此种情况下，"把关人"这一角色必须具备更高的水准才能发挥其功能，水平不够的网民会因为缺乏必要的信息筛选能力而难以胜任。

（三）对专业人才的挑战

在融媒体时代下，电视新闻传播策划所面临的最直接问题就是专业人才的匮乏，而导致这一问题的原因则是多方面的。首先，在电视新闻媒体的发展过程中，经历了很长一段时间的改革，而在改革期间，很多优秀的传播策划人才也都因种种原因而流失向其他媒体行业。[①] 其次，电视新闻的传播策划工作专业性较强，传统媒体时期从事电视新闻传播策划的人才普遍都具有较高的素质，在新媒体发展起来后，以互联网为依托的新兴媒体企业纷纷向这些人才开出了较高的薪资待遇，而盈利状况较差的电视媒体却无法匹配这一薪资待遇，传播策划人才的流失也就因此成为必然。最后，在新闻媒体行业人才培养体系初步得到完善的情况下，近几年电视新闻媒体虽然吸收了很多较有潜力的年轻人才，但由于融媒体时代电视新闻媒体对传播策划提出了更高的要求，而年轻人才的工作经验又相对不足，因此仍然很难充分满足电视新闻媒体的发展需求。

（四）对信息来源真实性的挑战

在传统媒体时代，时政新闻是构成电视节目内容的主力，民生新闻只占一小部分；进入融媒体时代后，信息渠道正在不断增多，电视新闻节目已经不是人们获得资讯的唯一途径。为了吸引受众观看节目，电视新闻产品也愈发注重受众体验，内容更偏向民生和社会热点问题，更加关注发生在老百姓身边的新闻。生产方式上，传统电视新闻生产制作以我为主，以宣传导向为主；进入融媒体时代，电视新闻迫于收视率和生存的压力，逐渐转向以受众为主，观众喜欢看什么，电视新闻在策划报道时就重点选择什么。甚至有的电视台出现了电

---

① 乔雅. 媒体融合视域下县级台电视新闻节目如何突围［J］. 西部广播电视，2019（20）.

视节目以广告主为主的局面,全天不间断地播放购物、保健品等广告内容,严重偏离了新闻立台的初衷。

在信息化时代,每个人都是新闻素材的携带者,顺手拍拍都可以制造新闻。如街上的车祸、马路上摔倒的老人扶不扶、美联航的赶乘客下机事件等,这些大多是由个体通过微博等以小视频方式进行上传、发布和分享的,很容易酿成全民关注的事件。电视新闻传播策划对于如此海量且繁杂的内容素材需要进行分类编辑,然后形成有质量的新闻,并且引导人们的正确言行。但是从新媒体上筛选的新闻,除了内容零碎杂乱外,还难免存在弄虚作假和造谣的信息。面对真真假假的事件,电视新闻虽然在收视上受到新媒体极大的冲击,但其自从存在以来便在人们心目中树立了权威性和真实性的形象,这是新媒体永远都不可替代的,因此电视新闻传播策划人需要明辨海量新闻内容的真假,以免假新闻给观众带来误导,从而带来难以预测的后果。

因此,如何在国家发展建设中和人民群众生活的方方面面策划并做好有价值和有参考意义的新闻报道,是电视新闻传播策划者必须面对的挑战。[①]

第三节 融媒体时代电视新闻的传播理念

一、融媒体时代电视新闻的传播理念存在的问题

1. 重正面,轻负面

"坚持正面报道为主"的方针一直以来都是我国新闻工作的一项重要原则。目前,一些问题性、敏感性的新闻报道已经开始见诸电视新闻媒体,如中央电视台《东方时空》和《焦点访谈》的先后开播。

2. 重新闻,轻评论

一直以来,在深度报道、深度评论上做得最好的都是纸媒,电视媒体只是在新闻报道的及时性和连续性上占据优势。然而,纸媒所代表的是人类传播的第三个阶段——印刷传播时代,而电视媒体代表的是人类传播的第四个阶段——电子传播时代。很明显,与纸媒相比,电视媒体属于新兴媒体,在电视媒体迅猛发展的今天,它已摆脱过去每天只能播出几个小时,甚至每周二休息、

[①] 孙艳. 融媒体时代电视新闻的传播研究 [M]. 北京:北京工业大学出版社,2021:30.

停播一天的困境，在全天候 24 小时滚动播出的时段里，不仅应该重视实时新闻的报道，还应该进行及时点评，甚至开播大量的新闻评论节目。中央电视台的《新闻1+1》和《环球视线》分别作为国内新闻评论和国际新闻评论的代表栏目，在行业内的口碑很高，也是观众所喜欢和期待的。

3. 重宣传，轻舆论

宣传是一种专门服务特定议题的信息表现手法，现在常被放在政治脉络（环境）中使用，特别是指政府或政治团体支持的运作。大众传播媒介是现代最有效的宣传工具，电视媒体作为信息传播较快的媒介，特别是电视新闻的传播将在很大程度上影响着人们的思想和行为。

新闻是宣传的一种重要形式。宣传者利用对新近发生事实的报道，阐述一定的观点和主张，以达到吸引和争取受众的目的。中国的电视新闻是党和人民的"耳目""喉舌"，代表的是无产阶级和广大人民群众的利益，一直以来都很注重对国家方针、政策的宣传，让受众了解这些方针、政策是基础，使受众践行是更大的目标。但是一味地宣传可能造成受众的接收疲劳，反而适得其反，得不偿失。

电视媒体除了重视宣传作用以外，更应该重视舆论的导向作用。舆论是在特定的时间和空间里，公众对特定的社会公共事务公开表达的、基本一致的意见或态度。舆论导向，又称舆论引导，是一种运用舆论影响人们的意识，引导人们的意向，使他们按照社会管理者制定的路线、方针、规章从事社会活动的传播行为。

一般来讲，舆论导向包括三方面内容：对当前社会舆论的评价；对当前社会舆论及舆论行为的引导；就某一社会事实制造舆论。当然，在这里，我们所要阐述的舆论指的是正向舆论，它必须按照党性原则、正面引导原则、真实性原则、分流原则和有度原则的规定进行引导，电视新闻的传播只有坚持正确的舆论导向，才能对社会发展起到推动和促进作用。

所以，电视媒体在应对互联网和以手机为代表的新媒体的挑战时，必须一改往日重宣传、轻舆论的传播理念，既要继续把握好宣传在社会中的作用，更要审时度势，与时俱进，以受众的需要为前提，更加注重新闻传播的舆论导向作用。

二、融媒体时代电视新闻传播理念转变的原则

（一）真实性原则

真实是新闻的生命，没有真实的新闻是"无本之木""无源之水"。只要有传播媒介的存在，只要有新闻信息的发生，新闻真实性的问题就永远存在。

新闻真实性指的是在新闻报道中的每一个具体事实必须合乎客观实际，即表现在新闻报道中的时间、地点、人物、事情、原因和经过都经得起核对和检验。电视新闻传播中涉及的各项信息都必须保证真实，这是在报道新闻事实的过程中必须强调和遵循的一项基本原则。

这种原则是建立在新闻的大范畴之中的，并有自身的适应性，即对采访所取得的所有素材，在写作和传播过程中，有一系列的要求，包括思考、提炼、整理、列提纲、动笔、写草稿、改稿、慎用字、用词、用句、分段、引用证据、编制题目等，都要把握好新闻的真实性，以防止电视媒体所传播的新闻出现不够具体、议论感慨颇多、语言含糊笼统、文字语病较多等问题。

（二）客观性原则

新闻客观性是新闻学久远的命题之一，其基本思想是对事实进行准确的报道，禁止在报道中直接、公开地带有撰稿人的主观倾向。报道内容必须准确无误，绝不能任意想象、任意夸张。

新闻客观性一直是新闻界的一个重要法则，有人称之为"不死之神"，按照一些学者的说法，这是一个知之不难，但行之维艰的理论。

新闻客观性是学界极为关注的理论，同时又深受业界推崇。不管是作为一个标签、一种策略，还是作为一个理想、一种理念，"客观性"自诞生之日起至今，始终魅力不减。在互联网和以手机为代表的新媒体出现以后，这一原则似乎显得更加重要了。

仅从电视媒体来说，新闻的客观性原则是电视媒体做好新闻和做出好新闻的基本前提；对互联网和以手机为代表的新媒体而言，电视新闻的客观性原则也尤为重要。只有电视媒体在传播新闻时坚持客观性，做出值得观众信赖的好节目，才有底气通过这些新媒体进行节目的宣传与传播。

(三) 法制化原则

建设社会主义法治国家，一直是中国政府坚持的发展方向，任何一种行业，都必须在法制化的轨道上行走。作为传统新闻媒体的代表——电视媒体，不仅始终要在新闻制播上养成依法制作新闻和依法传播新闻的良好习惯，切实做到新闻行业的"有法必依"，而且在对所要传播的新闻的处理上也要符合国家的法制要求，保证必须在法律、法令、政令允许的范围内开展新闻业务和经营活动，维护国家整体利益。另外，还需要充分尊重公民个人的基本权益，并虚心接受社会和公众的监督与批评。

(四) 国际化原则

互联网的出现和迅速发展，使麦克卢汉预言中的"地球村"很快实现，特别是以手机为代表的新媒体新一轮"催化剂"的作用，导致目前整个世界的人们就像是围坐在一起，共同收看传统媒体和新媒体带来的形式各样的节目。所以，在国情和社会环境允许的情况下，电视媒体一定要积极与国际通行的新闻传播方式接轨，认真学习国外同行的先进经验，避免低水准、低层次的重复摸索，一定要改变原来"轻国际"的传播理念，必须以国际化的眼界制作能够满足世界上各种肤色、各种语言、各种生活习惯的人群需求的新闻产品。

(五) 有效传播原则

在以互联网和手机为代表的新媒体时代，电视媒体如果要实现有效传播，就应该遵守真实、客观、"喉舌"、法制、国际化原则，只有遵守原则，才有资格谈有效传播。

不仅如此，在电视新闻的传播过程中，还有一个关键注意事项，就是掌握好"传者本位"与"受众本位"的主次程度。就目前电视媒介的发展阶段来说，"受众本位"是电视媒体在传播新闻信息时最应该考虑的，其中包括整合传播内容、配置新闻资源、坚持正确的新闻取向与尊重观众、尊重收视率和尊重传播市场，并把这些有机结合起来。

首先，任何媒体的最远大目标都是利益的最大化，当然，这里所说的利益除了经济利益之外，更多指的还是社会效益。中国的电视媒体绝大多数都是国营媒体，它是国家、政府、公民的话语输出平台，它要想实现最大范围的传播，关键在于整个电视媒体的电视台定位、频道定位和栏目定位，而这些定位的初衷还是以"受众"为中心的。因为不管是国家定位还是政府定位,他们都是为人民服务的,所以说,任何电视台的频道宗旨和基本定位,最终都会落在受众身上。这也是电视媒体实现利益最大化的最基本、最重要的前提和基础。

其次,掌握好新闻信息的重要程度是电视媒体传播新闻时需要慎重考虑的因素。一般来讲,从时间上来看,突发新闻要比普通新闻更需要及时准确地传播;从空间上来看,动态新闻要比静态新闻更能抓住观众的眼球。同时,还要把握分时段受众的收视需求,科学划分时段,配置相应的新闻和节目资源抓住"整点""正点"的作用,整点新闻必须有,正点新闻必须做。[①]

第四节　融媒体时代电视新闻传播现状与策略

一、融媒体时代电视新闻传播现状

(一)形式单一,互动性不足

在互联网技术快速发展的背景下,社会大众更加偏向于使用手机、平板电脑等移动终端了解新闻,对新闻传播的质量有了更加苛刻的要求,希望新闻传播能够具有一定的服务性和互动性。通过与新闻主体进行互动,社会大众能够对新闻信息进行反馈,及时表达自己的观点和意见,同时倾听他人的看法,这样的新闻传播形式更受到大众的欢迎,传播效果更加明显。然而,传统的电视新闻传播形式比较单一,传播效果会受到时间和空间的限制,人们只能坐在电视机前观看新闻,被动地接收新闻消息,很难开展互动,新闻传播的形式难以满足大众需求。除此之外,传统的电视新闻主要采用播报的形式,新闻节目大同小异,观众与播报主体进行沟通的渠道非常有限,容易造成电视新闻受众流失,降低电视新闻的影响力。

(二)内容重复,吸引力不足

电视新闻的传播内容直接影响了信息传播效果,对于传统的电视新闻传播而言,所有的新闻传播都需要经过严格的审核,新闻的制作内容有具体的操作

---

① 孙艳.融媒体时代电视新闻的传播研究[M].北京:北京工业大学出版社,2021:103.

标准。首先，电视新闻需要由相关工作人员进行信息采集，采集过后就需要经过编辑和审核，确保新闻的播出质量。在电视新闻的内容制作上，素材和资源都会受到严格限制，播出内容的局限性较大，同一条新闻素材可能会被重复使用，这会造成新闻传播节目缺少创新，观众容易对新闻节目产生疲惫感，难以被电视新闻吸引。对于年轻的观众群体来说，大部分观众都更喜欢新媒体，习惯通过新媒体渠道获得新闻资讯，这也会对电视新闻传播的发展造成影响。

（三）模式固化，时效性受限

在传统的电视新闻传播中，传播手段会受到较多的局限，特定的电视新闻节目只能在各地方电视台进行播放，很多新闻在播出前观众就已经通过其他渠道掌握了，导致电视新闻的传播时效性降低。电视新闻传播是一种单向的传播过程，电视新闻节目都有固定的播出时间点，这些都会限制公众对电视新闻的获取，不利于公众对信息的了解。在电视新闻的制作方面，电视台以及相关的工作人员需要完成新闻资料的收集、整理、制作、传播等过程，会耗费较长的制作时间，容易让电视新闻错失最佳的传播时间，造成新闻资源浪费。在融媒体时代，电视新闻必须进一步提高新闻传播的时效性，使新闻信息资源得到互补，充分发挥电视新闻的价值。①

二、融媒体时代电视新闻传播策略

（一）依托互联网提升时效性

1. 依靠设备和技术

直到现在，SNG卫星转播车依然活跃在新闻现场，但是在融媒体环境下，它的作用越来越有限，最重要的一点是其机动性不足，融媒体环境对电视新闻的时效性提出了更高的要求，许多媒体已经开始使用"5G+4K"的指标衡量新闻时效和画面质量。目前，在国内的一些地区已经可以使用5G网络，在一些具备良好网络条件的新闻现场，记者可以使用手机和传输设备组成的采制系统将新闻画面传送回电视台，即使手机拍摄的画面质量不如专业摄影设备，但其具有明显的时效价值。

---

① 高杰. 融媒体时代电视新闻传播面临的问题与应对策略［J］. 记者观察，2022（15）.

2019年3月1日，央视新闻新媒体首次使用"5G+4K"的拍摄传输方式进行移动直播，该设备由一台4K摄像机（提供清晰专业的画质）、视频转换盒（视频即时转换为直播信号）、5G手机组成（提供稳定高效的网络传输信号），无论是清晰度、网络传输效率还是便携性，都实现了大幅度的跨越。

2. 适当使用网络素材

为了实现更加快捷的新闻生产，电视新闻也在采用网络素材。网络上的一些热门话题，都有可能被电视新闻当作素材，甚至逐渐形成了网络负责"爆料"、记者负责采访加跟进的新闻产制流程。

由此可见，网络消息为电视新闻提供了一定程度上的便利，网友似乎成了公民记者，职业记者无法在第一时间获知的新闻线索或新闻画面，网友却能帮助提供，这对电视新闻来说亦是一种机遇，一方面，网络素材扩大了新闻线索的曝光度，能够帮助记者获取更多的新闻素材；另一方面，一些新闻线索真假难辨，缺乏深度，电视新闻亦能在信息海洋中，通过专业的记者团队进行调研，还原真相，树立权威性和公信力，塑造并引导健康的舆论环境。不过，大量使用网络素材也会导致新闻节目内容同质化现象突出，不利于向受众提供多元化的新闻解读和新闻调查视角；新闻素材获取的便利性也容易导致记者队伍素质下降，甚至出现不加考证、不加调查，只照搬或复制网络素材的现象，增加了失实新闻传播的风险。所以，网络取材既要用之亦要防之，既要利用其便利性加快新闻产制的速度，又要防止素材滥用导致的不良后果。

（二）加强自身优势

1. 加大深度报道

在新媒体利用技术优势占尽时效性与生动性优势的传播环境下，电视新闻"第一时间"报道优势日趋衰弱。电视新闻凭借自身专业的人才队伍，深度挖掘新闻信息，深入、全面、客观地进行权威报道成为电视新闻应对新闻媒体竞争的关键，也是对当下受众深入了解新闻事实这一最大需求的满足。网络化的今天，在新媒体简单化、碎片式、表象性海量信息的"围"中，受众已经不需要"告知"性的新闻信息，而是需要在众多琐碎的信息中"剥离"出来的，需要经过理性观察与思考得出的深度信息，并希望能在信息的深度挖掘与深入分析中，客观认识自身环境，辨明利，寻找最适合自身发展的空间。要呈现这类信息，非深度报道不可，因为深度报道不但报道事实，还挖掘新闻潜在的意义，把新闻之于受众的价值无限延伸。

深度报道离不开大量的调研、资料审查与资料整合工作，因此可以说最具代表性的深度报道便是调查性报道，中央广播电视总台3.15晚会就是典型的深度报道节目理论上讲，新闻事件的深度和厚度是无限的，除传统的深度报道形式外，在全媒体背景下，深度报道还表现为对信息内容的深度整合。这种整合是对新闻素材的精简与再加工。这种整合可以跨越平台、跨越地域与行业，通过整合对新闻事件进行适当程度的解读，形成独特视角，就能在受众面前呈现出具有全新生命力的信息。

2. 用活现场直播

电视新闻最鲜活的生命力莫过于"新鲜"，现场直播就是这种"鲜活"的极限，即使新媒体诞生以来强势的"秒"传播，也不及电视新闻现场直播具有吸引力。在全媒体的围下，电视新闻越来越注重现场直播，"记者现场报道""正在播报""电话连线现场记者"已经成为电视新闻的高频词汇。

通过现场报道，把发生事件中的现场人物活动、现场声音等视听画面如实地传达给受众，形成视听感官的强烈冲击力，发挥电视视听兼备、声画结合的优势，让受众感觉"亲临"事件现场、"亲眼"目睹事件发生、发展，一直是电视新闻现场的魅力所在，也是受众喜闻乐见的报道形式之一。

现场新闻直播更具有冲击力、权威性、可信度和时效性，是电视新闻应对全媒体乐意标榜的"即时传播"的最有力工具。现场直播报道，是电视特性和新闻特性的双重回归，能充分体现电视媒介特点——冲破空间的阻隔，把影像和声音及时地传到遥远的地方。

3. 做好新闻评论

"独家"是20世纪众新闻媒体追捧的对象。在进入21世纪后，"独家"新闻报道渐行渐远，互联网技术支撑下的海量信息，让"独家"新闻源几乎成为虚谈。在当下，独家的新闻信息报道虽难再现，但独家的新闻观点却依然备受推崇。

当所有信息一起暴露在受众视野中，纷繁复杂、毫无头绪的琐碎信息让受众疲惫不堪，他们不再需要告知性的报道，而是需要"透过现象看本质"的新闻观点，受众已经不缺少事实，而是缺少对事实的分析判断。

可以说，新闻界公认的最高水平新闻工作非评论员莫属。国际主流媒体中备受推崇的出镜记者，无一不是能够代表媒体参与新闻并做出现场评论的评论高手。可见，新闻评论有它难以取代的新闻地位和传播魅力。电视新闻与其他新媒体新闻相比，最大的优势在于电视的公信力、专业性与权威性，新闻评论便是对这种公信力、专业性、权威性的最佳诠释。因此，新闻评论依然是电视新闻的"利器"。

（三）创新电视新闻表现形式与传播途径

在电视新闻制作过程中，电视新闻编辑扮演着非常关键的角色，新闻表现形式与电视新闻播出效果之间存在直接的联系。普遍存在的电视新闻表现模式是播音主持人在台前为观众对新闻内容进行播报，这种方式属于主要的表现形式。然而，在长期发展的过程中，大部分观众对这一新闻节目形式出现了审美疲劳，这使得电视新闻节目整体的收视率降低，新闻节目宣传效果与力度下降，新闻信息整体的影响力无法达到预期效果。所以，在融媒体时代背景下，工作人员需要创新电视新闻节目编排的模式，关注编排过程的合理性，创新电视新闻表现形式与传播的渠道，这使得电视新闻传播意义与价值得以强化。表现形式创新需要电视新闻编排的工作人员在思维层面上进行创新，运用多种多样的编排技术手段，使电视新闻的表现形式进一步得到创新，与新闻节目的背景结合起来，提升电视新闻内容的立体化，新闻内容的丰富程度得以全面提升。运用不同类型的新闻形式能够使电视新闻工作人员对新闻内容进行编排，从而使电视新闻内容更为生动与形象，新闻自身的表现力得到进一步提高。除此之外，站在传播手段角度上进行分析，需要结合网络媒体提升电视新闻信息传播的多样化，运用媒体融合的形式使得新闻信息传播的时效性得以充分彰显出来，对新闻信息进行共享，使得新闻传播范围与影响力水平得以进一步扩大，电视新闻传播的整体速度得以加快。

（四）搭建融媒体矩阵和互动平台

电视之所以出现，它有一个重要的功能就是为了社交，只不过传统电视的交互功能是单向的，观众对电视节目的反馈互动只能通过人肉传播或以家庭为单位的群体传播，无法直接通过电视进入互动渠道。2002年中央电视台春晚就把短信互动运用到节目之中，使观众可以直接参与电视节目流程，拉近了电视节目与观众的时空距离。2009年，中央电视台开始对电视新闻节目进行大规模改版，一时间，国内各级电视台纷纷加入改革浪潮，各省级电视台也开始开发依托本土特色的电视新闻节目，开拓新的节目形态，并将短信留言、热线电话、网上留言等新的互动方式运用到电视新闻传播中。对比当代社交平台的功能布局，未来电视新闻互动应逐渐包含节目签到、弹幕、论坛、转发、点赞或收藏、留言（包括文字、声音、图像）、投票、实时连线等。通过这些感官的交互体验，能够不同程度地满足观众的参与感，增加受众黏性。它改变了以往的节目生态，使观众参与新闻话题的讨论变得即时高效，缩小了时空差距。在这样的背景下，电视新闻不再仅强调节目与受众之间的关系，而是更加凸显新闻事件与人的关系，以及收看新闻节目的人与人之间的关系，这种互动化并不意欲将电视新闻变成完全的互联网产品，而是在多样态媒介中开发电视新闻的媒介功能，恢复其主流媒体的地位。

当电视新闻跨界至互联网，其受众的接触面将更加广泛，除了使用传统的有线电视和卫星电视之外，各种带宽设备、视频客户端纷纷上线，电视新闻的传播渠道扩张是必然趋势，其目的就是扩大自身品牌影响力，拓展更多受众。

电视台相比新媒体具有较高的新闻节目制作水平，电视台有专业的主持人和播出设备，有权威性和影响力，往往能够针对某一新闻邀请专家或新闻当事人做客直播间进行访谈或评论。

融媒体环境下电视新闻走向多渠道传播的发展态势，构建了广阔的传播渠道，即使面对多渠道、跨平台运营的趋势，电视新闻仍应该坚持立足于其现有的节目，始终坚持保留积累了几十年的媒体公信力和信息权威性。每当有重大新闻事件发生，网络上的声音往往纷繁复杂，受众更愿意从电视新闻中获取消息，电视仍然是最具公信力的消息来源，因此，在扩大传播平台的同时，也应该发展好电视新闻本体。

（五）电视新闻"短视频化"

1. 精准分发信息

电视新闻新媒体产品若能将各类信息进行整合分类，将用户"标签化"归类在信息分发的过程中精准投放，不仅可以增加用户黏性，而且有利于广告投放，扩大招商引资。此外，电视新媒体还可以通过与政府和企业开展合作，加强在政务、商业上的服务，如"网上办事大厅"和生活缴费、居家服务等。

2. 构建短视频节目群

抖音短视频创作者的背景十分复杂，有的是个人用户，有的是商业单位、政府机关或民间组织，抖音正如一个以短视频为媒介的社交平台或"信息集散地"，它能够有效承载不同的声音，使不同的文化、不同的受众需求在这里得到碰撞和满足。

衡量新闻短视频节目的质量，既要考虑"画面因素"，又要考虑"文化因素"，尤其对于新闻节目来说，除了要保障基本的画面观赏度，最重要的是提高新闻事件的"可叙述性"，是思考如何"讲好故事"。一些电视媒体单位制作的短视频太过于讲求画面工整，过于强调"新闻专业主义"，使其内容不能完全融入新媒体传播的话语体系。

在融媒体的建设中，地方媒体要立足本土特色，依托电视台自身的信息搜集能力，从文化、旅游、经济、美食、服务等各个方面着手丰富节目内容，打造一系列较为完整的短视频节目群。短视频节目创作形式可以从以下三个基本模式中不断完善和开发。

第一，基于电视节目的"再加工"，例如央视新闻推出的《主播说联播》栏目，立足于已有的《新闻联播》节目进行二度创作，制作成简短又具有思想性和教育意义的新闻短视频节目。这类视频需要有较高的新闻价值，能够与国家和社会、百姓生活产生共鸣，并且要有富有语言特色的新闻评论，可以起到引导舆论、教育大众的作用。

第二，各类信息的"包装"演绎，将信息通过某种演绎形式进行塑造，以达到推广和宣传的目的。

第三，"小事件"的"小视频"，广泛征集社会中有趣味的小事件或百姓生活中拍摄的小视频。这类素材虽然短小，但可以在短视频平台中发挥价值，其宣传的价值重点在于以"官方媒体"为平台为广大百姓创造一个展示的空间，电视媒体也可以把镜头的视角下沉到基层，揽获受众。这类视频的制作也非常简单，只需要几个基本的现场（或补拍）镜头、图片，或者采访即可完成，重点要对视频素材进行筛选，素材要具有趣味性、启发性和典型性，能够与广大受众产生心理共鸣。

3. 电视新闻"长短结合"

电视新闻节目时长一般为15~30分钟，根据节目策划和编排的需要制定，每期节目有着固定的时长，节目内容的呈现也有着较为稳定的程序和步骤。新闻短视频通常为几秒钟到几分钟不等，它们的内容多为新闻现场、电视新闻节目剪辑、互联网媒体或自媒体制作的访谈、新闻评论、报道等Vlog性质的短视频，每期时长不等，剪辑制作具有明显的个性化元素和风格特征。这些短小却内容丰富的视频具有很强的社交属性，它的制作成本低、门槛低，内容通俗易懂，个性化特征明显，有较强的娱乐性，观看场景便捷，传播迅速。近年来，短视频业务成为各大互联网巨头纷纷争夺的高地，短视频行业融资量呈井喷态势。一般来说，传统电视新闻节目的选题多为社会热点或重要事件，对一些具有趣味性的"小事件"却很少进行专门的报道。在短视频的推动下，这些"小事件"有了播出的渠道，并且获得了较高的关注度。

短视频新闻"短、平、快"的特点符合当今手机用户时间碎片化的浏览需求，这使一些"小事件"有了新的展示平台，能够获得更高的，甚至超过电视新闻的浏览量和关注度。"长""短"结合的新闻制作方式能够增强电视新闻品牌的凝聚力，电视新闻可以根据新闻题材和内容体量调整播出方式，大事大报道、小事小制作，使电视新闻节目和新闻短视频都能够依托电视媒体的品牌形成合力，便于发挥融媒体的整合作用和多传播渠道的构建。

电视新闻若要在融媒体环境下获得长足发展，必须在坚守传统业务的同时牢牢树立互联网传播思维，利用互联网技术、全媒体人才、新运营理念来顺应转型。还可以看到，一些地区在融媒体转型的过程中只重平台搭建，忽略了内容建设，往往是媒体矩阵开发了很多，但在播的只有几个老节目，受众服务的内容也比较单一，难免落得"换汤不换药"的境地。

无论是传统电视新闻还是新的新闻形式，内容的优劣决定了受众的去留。电视新闻要在互联网环境中生存，就必须要思考"短视频化"的问题，各大电视台要以自身电视新闻节目为品牌依托，将电视新闻节目的公信力与影响力嫁接到互联网平台上来，整合现有资源和地域特色，打造出一套新的互联网节目体系，在内容和风格上能够顺应互联网元素，并培养出一批忠实的年轻受众。所以发展短视频节目及相关业务显得尤为重要，为此，电视新闻有必要借鉴短视频运营的方法和理念，加快自身的转型。

（七）电视新闻新媒体应用转型与升级

1. 生产理念转型

电视新闻要想在变革的大潮中占据优势，就必须在信息生产的根本理念上有所变革。全媒体背景下，电视新闻首先要汲取新媒体生产理念，并整合传统生产理念形成完整的全媒体生产理念。全媒体依然在快速发展，全媒体的信息生产理念也必将不断推陈出新。就当下来看，电视新闻要特别"考究"的新媒体理念包括用户理念、新媒体思维、营销理念。

2. 全媒体"融合运用"

新媒体虽然来势汹汹，但应该看到，新媒体只是一个以技术概念作为划分的媒体形式，是一个新的播出平台。尽管它拥有信息集纳、信息传递等优势，但并没有建立起信息采集的能力。正是因为如此，电视与新媒体的"合作"才成为现实。在电视新闻的全媒体发展中，电视媒体需要逆向思维，利用新媒体创新传统电视新闻节目表达形式，为传统电视新闻注入新的生命力。

具体来讲，如借助新媒体技术，建设3D虚拟演播室，在视觉效果上，吸收平板电脑界面转换的动态特效，满足现代观众的审美需求，同时可以实现以主持人为核心的视频、音频、图片、数据等各种元素的调度、远程连线、人机对话、数据转换都能够在同一平台进行，让节目实现多角度多维度的表达。同时，充分运用同期声，让现场尽可能多地在电视画面中真实还原。

特别需要注入"互动"元素。电视新闻节目的新生力，需要特别注重引入新媒体的"互动"性，因为新媒体区别于传统媒体，最大魅力便是"互动"元素。传统电视新闻需要与时俱进地引入"互动"元素，制作"互动"型新闻节目。

同时注重对各类新媒体信息的整合包装，包括跨平台的整合。电视新闻资源同娱乐、电视剧资源一样，在频道日益丰富的当下，优秀的内容资源将成为稀缺产品。

3. 新媒体平台整合升级

（1）电视新闻新媒体应用整体提升

当前的媒体环境，想要发挥全体新型媒体的特性，既要对新媒体"融合为一体"进行全面审视，发现新媒体建设的共性，又要以个体的思维观察各个新媒体，找准特性，重点利用，每一种媒体都有自身的所短所长，电视新闻难以实现对新媒体全部功能的开发利用，能抓住它最具特性的功能为己所用，就已经是成功地利用了新媒体。目前，就电视新闻媒体应用的整体而言还有许多亟待改进的地方。

①重视新媒体应用

首先必须组织专业的操作团队。因为新媒体的信息选择与处理等生产与操作流程完全区别于其他传统媒体，需要熟知"微"媒体特性、熟知网络传播规律、熟知网络互动以及用户行为习惯的专业人才操作。

专业人才的培养又必须有健全的机制，因此需要建立新型专业人才的培养机制，并使用配套的绩效考核、奖惩制度，才能激发专业人才的积极性，真正发挥人才的作用。

②坚持原创内容

新颖的新闻内容、新闻图片或是视频内容都能够吸引用户的注意。这种原创首先建立在对自身内容资源的创作上，如由于移动端的限制以及受众收看的随意性，移动客户端的信息应当制作为"小节目"，时间上"短"，语言浓缩、简练，能够在最短、最快的时间内让受众接收到最多的有用信息；其次需要注重创新节目形式，结合各新媒体的特点，设计与制作符合新媒体特性的新的节目形式与原创内容。

③加强节目互动

需要特别注意的是，对用户发布的精彩内容进行转发与反馈，如精彩评论及代表性的意见或问题，这也是与用户互动的一种形式，是对用户发现力、思考力的认可，能让用户对官"微"产生心理上的认可，从而形成良性互动，提高用户的参与度，形成信息扩散。这其中也包括利用名主持、名记者、名主编、名评论员与其个人官"微"培养的关注用户进行的互动。个人"微"信息与节目呼应，可以带动用户关注节目内容，从而培养节目受众，提升官"微"以及节目本身的受关注度。

（2）电视新闻新媒体应用个体升级

①电视新闻网站

与移动互联网相比，传统新闻网站在深度信息整合策划、广度传播，特别是大型活动策划和组织受众互动方面有着许多不可比拟的优势。但电视媒体网站建立后，并没有起到这一作用。网络评论是网民互动最直接的形式，一定程度上说，网络评论已经成为一种舆论，对信息报道走向有着深远的影响，但传统新闻网站与网民间的互动远不及社交媒体。传统新闻网站要想发展，就必须修补互动的漏洞，这是一种传播理念，更是一种信息服务的理念。

在信息整合方面，网页专题报道已经是当下新闻网站的普遍做法，尤其对两会、记者节等大型活动事件的网页专题设计来说，各大网站可谓"八仙过海各显神通"。这种整合型的信息已经为新闻网站提高内容产品影响力的必然选择。但对网站信息的深度整合，需要首先认知网民需求，对所掌握需求信息进行全面、理性的分析后再进行有理有据的整合，而非信息的"大杂烩"。同时，网站需要重视信息数据库的建设、维护，提升实时的查询、统计等服务体验。

网页整合信息要注重网络特性，综合运用文字、音频视频、图片图表、动画绘画以及数据库等元素，融入原创内容、协议转载内容的同时，添加网民发布的内容，实现信息全面、深入的最佳表现形态和网民视听享受的最佳体验。

②"微"媒体

当下普遍将微博与微信一起称为"微"媒体，电视新闻"微"媒体的境遇相似。首先是重视官方"微"媒体的日常维护，把握发布微博的最佳时间和更新频率，保证用户能够获知最新的信息，并将信息及相关评论进行及时转载与再次传播，这是保证微博活力的基础。

"微"媒体一个重要的特征就是围观效应，迅速聚集对某一热点话题的讨论，形成舆论，电视新闻节目要充分重视，通过主动发起话题等方式，"设置议程"，形成影响力。

注重"微"媒体信息采集，拓宽新闻线索来源，受众发布的信息极有可能是一则消息的线索或者由头。目前电视新闻"微"媒体主要局限于自身及同行采集信息的发布与转载，忽略从"微"媒体获取信息，获取信息的渠道或者数量都非常有限。这类信息源需要开采，但必须同时注重对信息真实性的深层次考证，保证媒体的公信力。

借鉴成功的运作经验。对"微"媒体利用最充分的可以说是其开发者自身，他们对"微"媒体很多功能的应用都可以供电视新闻借鉴。

③移动新闻客户端

在各新媒体中，纯粹意义上的移动新闻客户端发展时间最短，最不成熟，包括几个优质新闻客户端的建设也还是在初期探索阶段。电视新闻客户端的发展与突破需要借鉴这些强势客户端的发展经验。

门户网站新闻客户端的战略是优先抢占市场，将 PC 端网站的优势转移到移动互联网上，对电视新闻客户端来说也是如此。就目前发展来看，所有门户网站和新闻客户端的重复率非常高，用户在选择了一款客户端之后，通常不会再选择其他类似产品。电视新闻业面临同样的市场环境，必须在第一时间抢夺阵地，让用户最先安装自己的产品。

第六章 财经新闻的传播

财经新闻无论在国家发展还是在人们日常生活中都扮演着重要的角色，财经新闻是专业新闻，不但专业性强，而且内容繁杂、多样。本章主要从政府宏观调控、金融市场和国际经济环境三个角度研究了财经新闻的传播。

第一节 财经新闻诠释及其传播理论

一、财经新闻的概念与特征

（一）财经新闻的概念

人类的活动总体上可以分为三种：经济、政治、文化。这三种是人类社会生存发展所必需的最基本的活动。

经济是人类社会生存的基础，是一切发展的动力来源。人们通过经济活动创造物质财富，保证人民生活所需要的一切，也为政治活动和文化活动的发展奠定物质基础。

政治可以为社会提供秩序，保证经济、文化活动顺利进行。

文化活动丰富了人们的精神生活，推动人类文明的发展，同时，文化活动中的一部分成果，也转化为社会产品、文化产业，成为经济活动的一部分。

可见，经济、政治、文化，三者是互相依存、互相促进的关系，这些活动推动了人类社会的发展。因此，观察社会、研究社会，要结合经济、政治、文化三方面因素，不能割裂看问题。

人们在从事经济、政治、文化活动的过程中，会产生大量的信息。这些信息中的一部分，构成了新闻信息，成为媒体关注和传播的对象。其中，与物质文明有关的活动，被称作经济活动，并由此形成了经济系统。在经济系统中，也会产生大量的信息。

人类社会要生存和发展，出于自身的需要，自发地从事生产、分配、交换、消费社会再生产四个环节的活动。人类的经济活动为市场提供了物质财富和精神财富，同时，也产生了大量的需求。这些"供应"与"需求"形成了市场。市场"看不见的手"左右着人们的经济行为，人们受制于市场，也受益于市场。因此，人们分外关注市场的信息。在现实生活中，这些信息更直接表现为股市行情、期货、货币政策、汇率等经济现象。

现代经济中，除了市场"看不见的手"，还有一只可以对经济活动产生重大影响的"看得见的手"，那就是政府。政府通过经济手段、行政手段和法律手段，对社会经济产生巨大的影响。同时，政府的行为也产生了大量的信息，这些信息也成为人们研判经济走势的重要依据，成为受众关注的焦点。

总而言之，经济系统的三个组成部分，都会产生大量的信息，其中，有一部分信息是与广大生产者、消费者和投资者息息相关的。由此可见，财经新闻就是经济系统运行过程中产生的，为广大受众所关注的具有新闻价值的信息。[1]

（二）财经新闻的特征

1. 专业性

专业性是财经新闻最重要的特性。

财经新闻反映的是与投资理财有关的经济领域，这一领域本身就错综复杂。人们为了能够解释说明这一复杂的系统，形成了不同流派的经济理论，创造了大量的专业术语，这使得财经新闻传播具有非常鲜明的专业性特征。可以说，财经新闻是专业性最强的新闻门类。

国外著名的老牌财经新闻机构如路透社、彭博新闻社、道琼斯通讯社等通常会向受众提供专业化的数据分析，这些数据分析往往建立在大规模的信息搜集的基础上，从事数据分析的记者通常要达到"二级"经济分析师的水平。

2. 程式性

大多数的财经新闻，都是程式性发布的，也就是在固定时间规律性很强地定期发布，这是财经新闻独有的一大特性。资本市场的信息，诸如每日的股市收评、期货市场行情等，都是程式化传播；宏观调控信息，诸如消费者物价指

---

[1] 田静，关众. 财经新闻传播学 [M]. 北京：中国经济出版社，2022：26.

数（Consumer Price Index，CPI）、采购经理指数（Purchasing Managers'Index，PMI）等宏观数据，甚至央行公开市场操作状况等，都是在固定时间以固定形式发布传播的。我们可以把这部分新闻报道称为常规性报道。这些信息每天都以程式化的方式更新传播，但又是为广大受众所时时关注的，具有典型的新闻的特征。

3. 前瞻性

财经新闻是对现实已经发生的新闻事件的报道。但是，人们接收财经新闻并不只是为了了解事物现在是怎样的，而是想要通过对已发生新闻事实的了解，对未来有一个预测。财经新闻的受众往往从投资参考的角度来关注财经新闻，财经新闻要反映对未来的影响。① 因此，财经新闻一定要具有前瞻性。财经新闻的前瞻性来源于"借嘴"，也就是说，财经新闻传播不能满足于基本新闻事实的报道，还要采访有关专家、官员等具有一定社会影响的人士，对未来的走势谈谈看法，给受众更具前瞻性的信息。

4. 精准性

财经新闻要大量运用数字，用数字说话，这就要求财经新闻必须高于一般新闻所言的"客观性"，实现精准性。因为一般所言的"客观性"，是强调基本事实的准确。而财经新闻所运用的数字，不能只是基本事实清楚，而必须达到精准化传播，一点差错也不能出。

5. 通俗性

财经新闻的受众是普通的投资者和消费者，并不是经济学家，他们没有能力，也没必要掌握大量的经济学专业知识。因此，财经新闻在传播时要尽量通俗，把内容的专业性与表现的通俗性统一起来。《华尔街日报》就将其读者的阅读理解力定位于"八年级以上的学生"。讲财经新闻的通俗性，并不是不去挖掘新闻的深刻内涵，而是要在表述上注意通俗。用通俗的语言讲述深刻的道理。

二、财经新闻的分类与传播过程

（一）财经新闻的分类

按内容和性质来分，常见的财经新闻有以下四种。

---

① 田静，关众. 财经新闻传播学［M］. 北京：中国经济出版社，2022：31.

1. 动态新闻

又叫"事件新闻",准确及时地报道国内外经济领域最新发生的事件,如某地某单位情况,或某个重要经济会议等。如《西南地区人大财经工作研讨会在渝举行》。动态新闻一般篇幅不长,内容单一,短到几行文、几句话,如"简讯""今日要闻""经济半小时""经济短波"之类。

2. 综合新闻

在同一主题下,综合反映某个时期、某个地区或不同地区带有全局性的情况、动向、成就、问题等的新闻,就是综合新闻。综合新闻报道的面较广,声势较大。往往有点有面,有叙有议,此类报道,常见于重要节日、重要会议或年终总结之时。

3. 经验新闻

经验新闻又叫"典型报道",即用消息形式发表的经验总结,它重在反映贯彻党的政策、方针的某一方面带有普遍指导意义的典型经验。经验新闻既有概括事实的观点,又有典型事件的分析,对实际工作指导性强。如《重视人才,搞活一个厂》。

4. 评述新闻

评述新闻,一般抓住某项工作的关键阶段,或针对工作中存在的主要问题,站在较高的理论高度,分析形势,总结经验,研究动态,指明方向措施、途径。一般采用夹叙夹议,边叙边议的方式,常在文章开头或中间插入"×报×台记者或××专家评述"。

(二) 财经新闻的传播过程

按照施拉姆的理论,传播至少有三个要素:信源、信宿和讯息。这三要素是传播的基础,却还不能形成传播的整个过程。财经新闻信息在经济信息系统中产生,还要经过媒介的连接,将信源和信宿联结在一起,并形成反馈。

1. 信源

信源,又称传播者,是传播行为的引发者,传播者发出信息并引起整个传播过程。传播者既可以是个人,也可以是组织或群体。财经新闻是大众传播,是经济信息系统的一部分,因此,财经新闻的传播者是指形形色色的专业财经媒体。

经济系统在运行过程中会产生大量的信息。经济系统的主体为企业、个人、市场中介组织和政府机构，它们在运行中会产生人际传播、群体传播和组织传播，形成经济信息。其中，有一部分是财经新闻受众感兴趣的，具有新闻传播价值，便构成财经新闻。财经新闻信源的一个显著特点是这些信息通常会以数字的形式表现。无论是宏观经济指标，还是企业的经营成果，抑或是市场的供求关系，都是以数字的形式存在的。数字是一个重要的资源。对财经媒体来说，数字还可以做成品牌或王牌产品，形成竞争力。在这方面，最常见的三种形式即排行榜、指数和数据库。

经济系统的三个层次都有自己的诉求，都希望引起媒体的关注，产生传播的需求。在传统媒体时代，这些诉求通过主流媒体实现。专业的财经媒体通过对经济系统主体的采访，获取新闻线索，采集新闻信息，经过专业的编码加工，通过广播、电视、纸媒、网站等传播媒介将财经新闻发布出去。而在新媒体时代，除了这些传统的主流媒体外，国民经济三层系统中的个体还可以利用社交平台，建立自己的公众号、微博等新媒体，同样成为财经新闻的传播者。此外，一些具有财经专长的个人，也可以建立自己的自媒体，一旦这些自媒体超越了普通"朋友圈"的传播范围，也就成为财经新闻的大众传播者。

2. 信宿

信宿，又称受传者，指信息的接收者和反应者。财经新闻的受传者，就是财经新闻的受众。消费者、投资者和生产者，既是财经新闻信息的来源，也是财经新闻的受传者，即财经新闻的受众。他们进行消费、投资和生产方面的决策，需要财经新闻信息的支持。

在传统媒体时代，财经新闻的受众往往是信息的被动接收者，尽管也有参与互动的活动，但总体上是单向传播。在互联网时代，新闻传播具有更强的交互性，财经新闻受众参与度更高，可以通过社交平台直接参与话题讨论，也可以通过转发、分享等方式参与传播过程。

3. 讯息

讯息是指由一组相互关联的有意义的符号组成，能够表达某种完整意义的信息。讯息是信息的一种，特指那些能够在传播者和受传者之间进行顺畅交流、具有双方都能接受的明确的意义的信息。[1]

人们传播讯息的介质是符号，符号具有表述、理解、传达和思考的功能。声音语言是人类掌握的第一套完整的听觉符号体系，文字是人类创造的第一套

---

[1] 田静，关众. 财经新闻传播学 [M]. 北京：中国经济出版社，2022：36.

视觉符号体系，也可以称为语言符号体系。

财经新闻传播的语境是由经济学和管理学的术语，以及经济学原理构成的。财经新闻传播要在这样的专业语境下进行。一些经济学和管理学的术语会直接进入财经新闻，甚至直接以英文缩写而不是汉字出现，这是财经新闻传播最为特殊的地方。财经新闻讯息内容一般并不复杂，但其背后蕴含的意义非常深远，所以，通过"解读""访谈"的方式来揭示财经新闻的意义，也是财经新闻传播的一个重要任务。

符号组成讯息，可以表达完整的意义。人们以符号为介质从事信息传播，其目的是达到意义的交流和互动，传播者通过符号来表达意义，而受传者通过符号来解读，传播者与受传者之间得以进行确切意义上的交流。经济学是研究"不确定性"的科学，而财经新闻的受众常常希望从财经新闻的字里行间来窥测政府宏观调控的政策动向，或预测市场的发展方向，这就使得传播者和受传者之间面对同样的传播符号会有不同的意义。

4. 媒介

媒介是讯息赖以传播的渠道或手段。在马歇尔·麦克卢汉（Marshall McLuhan）看来，任何一种媒介都变成了人体的延伸，是人体的延伸或自我截除。广义的媒介指能使人与人之间产生联系或发生关系的物质，狭义的媒介指传播意义上的能够利用媒质存储和传播信息的物质工具。在当代社会，人们所称的媒介指书籍、报刊等纸质媒介，广播电视电波媒介和互联网数字媒介。媒介将讯息携带到受传者那里，实现传播者与受传者的交流。

在互联网时代，网络平台的盛行，打破了传统媒体的界限，媒体融合的趋势越来越强烈。媒体融合并不只是技术方面的变迁这么简单。融合改变了现有的技术、产业、市场、内容风格以及受众这些因素之间的关系。融合改变了媒体业运营以及媒体消费者对待新闻和娱乐的逻辑。

财经新闻通过专门的财经媒体来传播，这些媒体建立在大众传播媒介基础上。在如今的互联网时代，越来越多的财经新闻通过社交平台进行传播。财经媒体同样要以内容取胜，这一点与其他媒体并无区别。但是，财经媒体能够更多地满足受众功利性的需求，娱乐性则偏弱许多，这也决定了财经媒体具备一些其他类别的媒体所不具备的特征。比如，财经媒体未必需要庞大的采编队伍，但从业者的专业性要求远高于其他媒体。

5. 反馈

反馈指受传者对接收到的讯息的反应或回应，也是受传者对传播者的反作用。反馈能够反映受传者对传播者发出信息的接收情况，也能反映受众对媒体的认可度，因此，传播者总是极其重视受传者的反馈。①受传者拥有完全的选择权，因此，受传者才是主动的一方，可以通过反馈来影响传播者。

与其他新闻门类不同，财经新闻传播与受众的经济利益直接相关，尤其是对于投资者来说，更与其收益息息相关。在很多时候，财经媒体与财经新闻的受众是"商家"与"客户"的关系，有的财经媒体甚至采用收费的方式来传播，这种关系就更为明显。在新媒体时代，交互式传播特征越来越明显，传播者和受传者的界限开始变得模糊，反馈也已经突破了传统传播理论的界定，成为传播活动的一部分。受传者不是被动地接收信息，之后再反馈，而是主动采取"私人定制"的方式，定制或直接参与信息的生产。比如，在直播平台上受众与财经媒体的直接交锋，"反馈"与传播几乎同时发生，甚至先于传播发生。

三、财经新闻相关传播理论

（一）财经新闻与议程设置理论

"议程设置"作为一种理论假说，最早见于美国传播学家 M. E. 麦库姆斯（Maxwell McCombs）和 D. L. 肖（Donald Shaw）于1972年在《舆论季刊》上发表的一篇论文，题目是《大众传媒的议程设置功能》。根据议程设置理论可知：大众传播具有一种为公众设置"议事日程"的功能，传媒的新闻报道和信息传达活动以赋予各种"议题"不同程度的显著性方式，影响着人们对周围世界的"大事"及其重要性的判断。

议程设置理论将传播效果分为认知、态度和行动三个层面，这三个层面也是一个完整意义上效果形成过程的不同阶段。议程设置理论所考察的，不是某家媒体的某次报道活动产生的短期效果，而是作为整体的大众传播具有较长时间跨度的一系列报道活动所产生的中长期的、综合的、宏观的社会效果。媒体所从事的传播活动，不是"镜子"式的反映，而是一种有目的的取舍选择活动；并不只是把客观世界反映出来，还是对"环境再构成作业"。在现代社会

---

① 田静，关众. 财经新闻传播学 [M]. 北京：中国经济出版社，2022：38.

中，由于大众传播是人们获得外界信息的主要渠道，不管这种"再构成"是对现实环境的客观反映还是歪曲反映，都会影响人们对周围环境的认识和判断。

财经新闻传播似乎比其他新闻门类更具有典型的"议程设置"特征。财经新闻的受众希望从财经新闻中获取有价值的信息，从而更加准确地对市场环境加以"认识和判断"。而财经新闻的传播者，则更希望通过有效的传播，来影响受众对经济环境的"认识和判断"。财经新闻媒体恰恰是两者中间的媒介，是议程设置者。财经新闻发布者应该利用议程设置理论，按照受众需求，通过新闻发布会等形式，把握好新闻发布时机，产生良好的传播效果。财经新闻的传播者应该按照议程设置理论，顺应市场大势和政府宏观经济调控的大局，营造对经济发展有利的舆论环境。

（二）财经新闻与沉默螺旋理论

沉默螺旋理论是德国女社会学家伊丽莎白·诺尔-诺依曼（Elisabeth Noelle-Neumann）提出的。她在研究德国竞选问题的过程中，发现选民对竞选双方的支持率原本不相上下，但是到了最后的某一时刻，选民突然倒向其中一方。通过对这一现象的研究，她发现"周围意见环境的认知"会给选民形成压力，导致许多人改变了原来的想法。根据"沉默螺旋"假说可知：个人意见的表明总是力图获得周围环境的支持，避免陷入孤立状态。当某种意见表现出强于相反意见的优势时，就会产生一种螺旋效应，"优势"意见会越来越强势，相反意见会越来越"沉默"，便形成了一个"一方越来越大声疾呼，而另一方越来越沉默下去的螺旋式过程"。大众传播通过营造"意见环境"影响和制约舆论。根据诺依曼的观点，舆论的形成不是社会公众的"理性讨论"的结果，而是"意见环境"的压力作用于人们惧怕孤立的心理，强制人们对"优势意见"采取趋同行动这一非合理过程的产物。

在经济领域，这种"沉默螺旋"的现象是普遍存在的。从17世纪荷兰"郁金香狂潮"到2008年国际金融危机，可以说，每一次市场的疯狂，都是伴随着人们对市场判断的沉默螺旋效应发生的。当某一产品市场走向高潮时，击鼓传花的鼓声便会急促地敲响，人们对市场的乐观情绪会被不断放大，理性地"泼冷水"的声音则越来越"沉默"，直到市场走向疯狂，泡沫越来越大；而当泡沫破裂后，人们的情绪又会一落千丈，悲观的声音越来越响亮，理性的"树立信心"的声音越来越"沉默"。

政府宏观调控者应该深入了解沉默螺旋理论,在适当的时候,发出理性的声音,做好舆论引导,预警危机的产生。主流财经新闻媒体应该配合国家的大政方针,坚持有利于经济健康发展的舆论导向,引导受众冷静客观地看待市场走势。①

（三）财经新闻与培养理论

培养理论也称"培养分析""教化分析""涵化分析",是由美国传播学者格伯纳提出。这一理论源自格伯纳（Gerbner）等在20世纪六七十年代开展的关于美国电视暴力内容对受众影响的研究。在现代社会传播媒介揭示的"象征性现实"对人们认识和理解现实世界有着巨大的影响。比如,经常收看有关暴力电视节目的受众比那些很少看或者不看这类节目的受众更担心自己遭受暴力袭击。媒体通过其影响力,可以"培养"受众形成一些刻板印象,甚至会"培养"他们的世界观。

格伯纳的研究主要是针对那个年代最具影响力的电视媒体的。今天研究和利用这一理论,重点是突出其强调的媒体对人们世界观的影响作用,而不是单纯地指电视媒体。在这个自媒体爆炸式发展的今天,财经新闻的主流媒体更要把好关,发挥其"培养"作用;要坚持客观报道的原则,真实、全面地报道财经新闻事实;在涉及有关"解释""深度解说""专家观点"的报道时,要坚持全面平衡的原则,减少媒体自身的感情色彩,不要去渲染"一夜暴富""股神"等观念。

（四）财经新闻与框架理论

"框架"的提法,最早见于人类学家贝特森（Bateson）于1955年发表的论文《一项关于玩耍和幻想的理论》中。所谓"元传播",是指人们为了传播而进行的传播行为,包括对所传递符号的定义及其诠释规则的约定。不过,对新闻框架产生了直接影响的是社会学家E.戈夫曼（Goffman）于1974年出版的《框架分析》一书。在戈夫曼看来,框架指的是人们用来阐释外在客观世界的认知结构,人们对于现实生活经验的归纳、结构与阐释都依赖一定的框架,框架使人们能够定位、感知、理解、归纳众多具体信息。

框架理论并不是十分成熟的理论,也不仅仅应用于传播学。通俗地说,框

---

① 田静,关众. 财经新闻传播学［M］. 北京:中国经济出版社,2022:50.

架理论应用于财经新闻传播,就是要规定好在进行某项报道时,媒体应该选取怎样的框架,这个框架就是媒体将挑选哪些新闻事实加以重点报道,并把这些内容在传播文本中置于最显著的位置。无论是相对于整个媒体来说,还是针对某一项具体传播选题来说,传播者都必须明确自己的定位(框架),并通过具体的词语来实现这个定位。另外,从传播效果的角度来看,财经媒体应该非常明确自己的受众究竟是谁,他们的需求是怎样的。受众也有自己选择信息的框架,即受众框架。媒体应该尽量保持媒体框架与受众框架相一致。[①]

(五) 财经新闻与第三人效果理论

第三人效果理论最早由美国哥伦比亚大学教授戴维森(W. Phillips Davison)在1983年发表的论文《传播中第三人效应的作用》中首次提出。根据第三人效果理论可知,人们在接收到媒体信息时,往往会认为其他人比自己更容易受到这些信息的影响。换句话说,人们倾向于低估大众媒体对自己的影响力,或高估大众媒体对他人的影响力。

第三人效果理论提出了两个基本假说。

(1) 知觉假说:人们感到媒体传播的内容对他人的影响大于对自己的影响。

(2) 行为假说:作为第三人认知的后果,人们可能采取某些相应的行动,"先下手为强",以免他人受媒体传播内容影响后的行为再影响到自身的权益和福利;人们可能支持对媒体传播内容有所限制,以防止媒体传播对他人的不良影响。

对于财经新闻媒体来说,消除第三人效果的不良影响,是其重要职责。由于人们的这种"第三人效果"心理影响,常常为谣言的流传创造条件。

主流财经新闻媒体在应对公共危机事件或资本市场的某些不理智现象时,应该充分保障受众的知情权,快速地传播权威信息和科学知识,以消除谣言的干扰,维护市场稳定。[②]

---

① 田静,关众. 财经新闻传播学 [M]. 北京:中国经济出版社,2022:51.
② 田静,关众. 财经新闻传播学 [M]. 北京:中国经济出版社,2022:52.

第二节　政府宏观调控财经新闻传播

一、与宏观经济有关的财经新闻传播

(一) 与"三驾马车"有关的财经新闻

出口、投资和消费是中国经济发展的"三驾马车"。中国经济发展迅速，已经成为世界第二大经济体，处在发展机遇期。与此同时，中国经济也面临着一系列挑战。一是出口拉动作用减弱，增长低速企稳。受国际金融危机的冲击，世界经济增长进入低迷期，外部需求空间相对收缩。同时，我国传统的低成本、低价格的竞争优势逐步削弱。二是高投资难以为继。传统工业领域已经相对饱和，产能过剩突出，投资效率持续走低；房地产市场出现趋势性调整；基础设施投资虽然尚有空间，但主要架构基本完成，投资率峰值已过。三是消费结构升级加快，集中爆发力减弱。以住宅、汽车为主要带动力，排浪式的消费时期正在结束，而以追求个性、高品质、安全、健康的新消费需求开始出现。

可以说，有关"三驾马车"的报道，就是对宏观经济形势的报道，就形成了宏观经济报道最主要的内容。

1. 与出口有关的财经新闻选题

出口是拉动中国经济增长的第一动力。一方面，中国已成为名副其实的世界工厂，"中国制造"在世界范围内遍地开花。另一方面，以美国为首的西方发达国家，已经把中国当作最强劲的竞争对手，各种贸易战接踵而来，给出口带来巨大压力。正因如此，财经新闻的受众格外关注有关出口方面的报道，这也成为财经新闻报道的重点领域。

2. 与投资有关的财经新闻选题

这里所言之"投资"指大型项目或形成生产产能的资本投入，而并非普通百姓"投资理财"的"投资"。投资，可以快速拉动需求，从而刺激经济发展。但是，投资也可能造成产能过剩，种下经济危机的根苗。财经新闻要报道投资对经济的拉动作用，也要提示投资可能产生的副作用。

3. 与消费有关的财经新闻选题

宏观经济中所言之"消费",主要侧重于消费对整个经济增长的拉动作用,主要是研究消费结构的变化。这方面的选题策划自然也反映消费方面出现的新趋势、新变化。

(二) 与稳物价有关的财经新闻

稳定物价是宏观调控的重要任务,也是百姓最为关注的焦点问题。财经新闻要及时报道这方面的举措。

(三) 与稳就业有关的财经新闻

稳就业是宏观调控的又一重要任务,它既是百姓关注的焦点,又是经济发展状况的重要标志。财经新闻要及时报道这方面的举措。

(四) 与外汇储备有关的财经新闻

外汇储备是国际收支平衡状况的重要指标,外汇储备充裕表明一国实力增长,特别是在抵御世界性金融危机方面可以发挥重要的作用。对于外汇储备情况,国家会定期公布,财经新闻要做程式性报道。同时,对于外汇储备方面的特殊情况,也要及时予以报道。

(五) 与国民经济管理部门有关的财经新闻

国家发展改革委、财政部、中国人民银行、商务部、工业和信息化部、国家统计局、国资委等部委,是有关宏观经济政策的制定者和执行者,他们的活动和言论会对宏观经济产生影响,财经新闻要及时予以报道。

二、与宏观经济指标有关的财经新闻传播

(一) 对宏观经济指标进行程式性报道的财经新闻

国家统计局会定期公布宏观经济数据,财经新闻要做程式性报道。

(二) 对宏观经济指标进行数据解读有关的财经新闻

除程式性报道,财经新闻更重要的任务是要对数据进行解读。

三、与财政政策有关的财经新闻传播

（一）与财政收入状况有关的财经新闻选题

财政收入规模是重要的宏观经济指标，财经新闻要进行程式性的报道。

（二）与税收政策解读有关的财经新闻选题

税收政策的变化对普通百姓的生活有重要的影响，一个新税种的推出，或税率发生变化，都会引起普通百姓的关注。他们会产生种种疑问甚至误解，希望能从财经新闻中得到解答。

（三）与税收支持经济有关的财经新闻选题

税收方面的报道主要围绕税率调整、降税政策等方面展开。

（四）与财政支出支持经济有关的财经新闻选题

财政支出对经济具有巨大的拉动作用，财经新闻要及时做出报道，使政策的作用发挥到最大。

第三节　金融市场财经新闻传播

一、与货币市场有关的财经新闻传播

（一）与货币政策有关的财经新闻

货币政策的核心是控制货币供应量（Money Supply），通过科学的调控，保证市场有充裕的流动性，从而保证社会再生产的顺畅进行，同时又要防止通货膨胀，防范各种金融风险。因此，与货币政策有关的四个杠杆，就是财经新闻报道的重点。

1. 与利率有关的财经新闻

关注利率变化的，不只是经济界的专业人士，其范围几乎为全体百姓。所

以，利率问题对财经新闻来说，意义极其重大。财经新闻不仅要反映利率变化的新闻事实，更要从预测利率变化走向和点评分析的角度，给普通受众以指导和启迪。

2. 与存款准备金率有关的财经新闻

存款准备金率是比利率更为灵活的工具，使用的频次越高，财经新闻报道的概率也越大。

3. 与再贴现率有关的财经新闻

再贴现业务是中央银行调节市场银根松紧及货币供应量的重要手段。再贴现就是商业银行将商业票据低于票面价值卖给中央银行，是央行提供基础货币的一种手段。再贴现率的变化将直接影响商业银行的融资成本，达到调节货币供应量的目的，财经新闻要及时报道。

4. 与公开市场业务有关的财经新闻

公开市场业务操作是一项经常性的工作，也是央行进行货币供应量操作比较灵活的手段。所以，这是财经新闻要经常关注的项目。这种操作除了直接对货币供应量进行调节外，还会传递一些未来货币政策的信号，所以财经新闻还有一个解释预测的任务。

（二）与央行、银保监会有关的财经新闻

央行是货币政策的制定者和执行者，银保监会承担着对银行业监督管理的职责，它们的一举一动，以及它们行动中透露的信息，对于判断货币政策的未来走势是很有帮助的。因此，央行和银保监会的活动，央行行长和银保监会主席的言论，也是财经新闻报道的重要内容。

（三）与银行业务有关的财经新闻

银行是普通百姓打交道最多的金融机构，银行的业务几乎与每一位普通百姓息息相关。银行在业务方面有什么新举措，服务中存在的问题，都是财经新闻需要关注的。

（四）与银行风险有关的财经新闻

商业银行要从存贷款业务中赚取差价，要靠负债来赚钱。所以，商业银行在运作过程中，也是有风险的。这种风险是财经新闻关注的问题之一。这个问题的直接表现就是资本充足率，资本充足率是否充足，与金融风险关系密切，是财经新闻需要关注的。

（五）与货币市场子市场有关的财经新闻

货币市场包括短期借贷市场、银行间同业拆借市场、票据市场、回购协议市场、短期债券市场和大额可转让定期存单市场六个子市场。这些子市场是金融机构内部交易的项目，但是也能够反映银行的经营状况和宏观经济形势，以及实体经济与虚拟经济的关系，所以，对这些子市场的一些活动也要进行报道。

（六）与互联网金融有关的财经新闻

作为新生事物，互联网金融打破了传统金融的经营模式，为百姓带来了全新的金融体验，提供了更为便利的金融服务。[①] 同时，互联网金融又存在着管理滞后等问题，存在着一定的金融风险，是广大财经新闻受众极为感兴趣的领域，自然也是财经新闻关注的焦点。

（七）与数字货币有关的财经新闻

数字货币自诞生起就面临着诸多争议，其交易价格更是存在着巨大的波动，许多人因之暴富，也有许多人为此倾家荡产！无论如何，数字货币都将对金融领域乃至整个社会生活带来翻天覆地的变化，尤其是中国数字人民币的诞生，更是吸引了中国人民乃至全世界的目光，是财经新闻必须时时关注并予以重点报道的领域。

二、与外汇市场有关的财经新闻传播

（一）外汇市场行情程式化报道

外汇市场的变动，主要体现在汇率的变化。这是投资者、生产者、消费者都非常关心的内容，各财经媒体常常开设有外汇行情的程式化栏目，以此来反映外汇市场的动态。如中金在线网开设的汇率播报栏目，设有"今日美元对人民币走势图""今日欧元对人民币走势图""今日日元对人民币走势图"等，图文并茂地介绍每一天的汇率行情。

[①] 田静，关众. 财经新闻传播学 [M]. 北京：中国经济出版社，2022：139.

（二）国家外汇结汇情况

国家外汇结汇表明国家外汇储备的变化情况，也是外贸和吸引外资的重要表征。财经新闻要定期进行程式化报道。

（三）应对国际"炒家"的政策行为

外汇市场变幻莫测，是国际"金融大鳄"的焦点。财经新闻要密切注意这方面的动向，对于国家采取的应对措施也要及时报道。

三、与保险有关的财经新闻传播

（一）与保险业发展情况有关的财经新闻

作为国民经济的重要部门，生产者和投资者从关注宏观经济发展的角度，广大保民从切身利益的角度，会对保险行业的发展变化情况予以关注。财经新闻要予以报道。

（二）与理赔有关的财经新闻

保障功能是保险的核心功能。能否顺利得到合理赔偿，是广大保民关注的。财经媒体应该对这一方面进行客观报道。

（三）与保险改革举措有关的财经新闻

针对保险业界存在的问题，银保监会有什么新政策措施，各地保险业进行的改革探索，财经新闻媒体要及时予以报道。

（四）对保险业存在问题进行曝光

对于保险业存在的一些弊端，以及一些侵害保民利益的不良保险企业，要予以曝光。

第四节 国际经济环境财经新闻传播

一、与经济全球化有关的财经新闻传播

（一）与世界经济形势有关的财经新闻

世界经济已经是一个整体，世界经济形势变化，全球经济总量的发展状况，对每一个经济体都会产生影响。财经新闻要对世界经济增速、世界经济存在的问题隐患等方面进行报道。[①]

（二）与 UN 有关的财经新闻

UN 作为全球最主要的协调国家间事务的机构，在世界经济方面也有一定的影响力。UN 有关世界经济的活动，是推动经济全球化的重要力量，是国际财经新闻报道需要关注的。

（三）与 WTO 有关的财经新闻

WTO 是推动贸易自由化、协调国家间经贸关系、消除贸易壁垒的重要机构，WTO 的政策变化、发布的有关报告，尤其是 WTO 总干事的言论，都会对世界经济产生一定的影响，财经新闻要予以关注。

（四）与 IMF 有关的财经新闻

IMF 在国际金融方面对经济全球化产生促进作用，其对全球经济的研判，对于各国投资者都具有借鉴指导意义。IMF 有关世界经济的活动，是国际财经新闻报道的重要选题。

（五）与 WB 有关的财经新闻

WB 是全球最大的发展援助机构，向 100 多个发展中国家和转轨国家提供贷款和咨询服务，在与其他国际组织、各国政府部门、非政府组织的协调方面

---

① 田静，关众.财经新闻传播学［M］.北京：中国经济出版社，2022：211.

发挥着重要作用，以自身的资金和人才对经济全球化产生影响。WB 的有关言论和活动，也是国际财经新闻报道的重要选题。

（六）与区域经济组织有关的财经新闻

各个区域经济组织是区域经济一体化的推动者，也是国际贸易和国际金融活动的主要参与者，在建立和维护国际秩序方面的作用不可小觑。国际财经新闻报道要及时关注各主要区域经济组织可能对世界经济产生影响的新闻。

二、与国际贸易有关的财经新闻传播

（一）与国际贸易争端有关的财经新闻

对于一个经济体来说，国际贸易表现为对外贸易。尽管贸易自由化对各个经济体都有好处，但站在对外贸易的立场，每一个经济体都希望多出口少进口。WTO 可以看作世界贸易秩序的维护者，但是，WTO 框架内，仍然难以解决贸易争端的问题，何况有些国家或地区并不受 WTO 的制约。因此，国际贸易争端的报道，仍是某些时期国际财经新闻报道的重要内容。

（二）与国际物流有关的财经新闻

国际贸易导致商品在全球范围的大流动，离不开航海、航空及陆路交通运输来进行物流活动。国际物流是否畅通，流通成本是否增加，这些对各国经济都会产生影响，对于资本市场的走势也会产生影响。

（三）与供求关系及价格的剧烈波动有关的财经新闻

国际贸易中某种商品供求关系发生重大变化，导致价格暴涨或暴跌，会对整个价格体系产生连锁反应，也会对市场预期产生影响，财经新闻要及时报道。①

---

① 田静，关众. 财经新闻传播学［M］. 北京：中国经济出版社，2022：215.

三、与国际金融有关的财经新闻传播

（一）国际金融程式化报道的财经新闻

汇率变化是人们所关注的，财经媒体会实时播报各个外汇市场的行情，为投资者提供资讯；各国股指变化反映世界经济动向，对中国资本市场也有重要影响；黄金市场的变化也是投资者所关注的。针对这些内容，财经媒体都会实时进行程式化报道。

（二）与国际"热钱"的流动有关的财经新闻

"热钱"又称"游资"或"投机性短期资本"，其快速流动往往触发资本市场的剧烈震动，甚至会诱发金融危机。财经新闻对国际"热钱"的流动，要予以密切关注。

（三）与主要资本市场剧烈变化有关的财经新闻

各主要经济体股市、期货等证券市场的剧烈变化，会对其他经济体的金融市场产生重要影响，有的甚至会对实体经济产生影响。财经新闻在做好程式化报道的同时，还要对主要资本市场的剧烈波动进行及时报道。

（四）与金融危机有关的财经新闻

在经济全球化的背景下，爆发系统性的、涉及世界经济金融危机的可能性随时存在。金融危机的危害不言而喻，财经新闻受众对此自然也是极为关注的。财经新闻不仅要对已经发生的金融危机进行报道，还要时时关注可能存在的风险，并进行预警式报道。

（五）与全球重要央行有关的财经新闻

美联储、欧洲银行等全球重要经济体的央行的货币政策，对世界经济会产生重要影响，对全球经济体的资本市场影响更大。因此，这些机构的信息是财经新闻要时时关注的。

（六）与全球闻名的投资大家有关的财经新闻

巴菲特、林奇、索罗斯等世界著名的投资大家，是全球资本市场的传奇，也是人们津津乐道的财富人物。财经新闻的受众会从财富故事的角度对他们的言行保持兴趣，同时，他们的投资选项也是人们判断资本市场走势的依据。

四、与直接投资有关的财经新闻传播

（一）与全球直接投资动态有关的财经新闻

直接投资是世界经济状况的重要标志，是人们判断世界经济走向的依据，财经新闻要对全球直接投资状态给予关注报道。①

（二）与世界500强有关的财经新闻

"世界500强"，指美国《财富》杂志每年评选的"全球最大五百家公司"排行榜，这些公司不仅规模巨大，还对全球经济产生重要影响。世界500强绝大多数都是跨国公司，少数本土化公司也往往存在着直接投资活动。与这些超大型公司相关的新闻，是财经新闻受众感兴趣的，世界500强排行榜单的变化，哪些企业跻身500强的行列，都是财经新闻需要关注的。

（三）与跨国并购方面有关的财经新闻

跨国并购是直接投资的重要方式，会对国际资本市场产生重要影响。有的跨国并购还涉及国家产业结构和产业政策，甚至会与政治或人们的情绪相关。财经新闻要关注重要的跨国并购事件，还要对资本市场以及整个经济系统的影响进行分析。

---

① 田静，关众. 财经新闻传播学［M］. 北京：中国经济出版社，2022：229.

第七章 企业新闻的传播

企业新闻传播是企业自办媒体或者通过其他媒体平台,根据企业的实际,组织策划实施新闻宣传阶段性的内容,采取必要的宣传手段,以提高自身知名度、美誉度为目标,达到经济效益最大化。本章主要对企业新闻传播进行探讨。

第一节 企业新闻传播概述

一、企业新闻传播的内涵

企业新闻传播,就是借助大众媒体,以新闻报道的方式把企业目标信息传播出去。因为这个传播是对企业目标信息(企业目标信息是指企业希望传播出去的信息、经过过滤的信息)的传播,所以它不是通常意义上所说的新闻。企业新闻传播是一种营销形式,是将营销以新闻的形式表现出来,又被称为"新闻营销"。由此可见,作为企业新闻传播,新闻是形式,营销才是本质。

二、企业新闻传播的意义

企业新闻传播具备的权威性、公信度和影响力远远优于广告。对公众来说,新闻就意味着重要事件,因此,企业或产品信息借助新闻形式进行快速传播,其传播力度和权威力度是广告所无法比拟的。同时,新闻具有二次传播的特点,企业一次投入,可长期获益。

(一)有利于增加企业信任度

部分企业老板喜欢通过搜索企业信息,查看企业新闻动态来判断一家企业的实力,如果在资讯网站和报刊上出现大量对企业正面或有影响力的报道,客户就会对企业产生很强的信任感。

（二）有利于提升企业的传播力度

新鲜快捷的企业新闻对网站及报刊来说，是非常理想的新闻素材，他们都乐于进行刊播或转载。由于企业信息可以在短时间内获得大量传播，肯定会提升企业的传播力度。

三、企业新闻传播的原则

（一）形象塑造原则

与推销企业产品的商业类宣传广告相比，企业新闻传播具有信息传播的及时性、高性价比和信息阐释的完整性等独特的优势，是塑造良好企业形象行之有效的一种公共关系活动方式。企业新闻传播的及时性，是指把企业形象的相关信息以新闻的形式传播出去，能够最大限度地满足受众的好奇心理、得益心理和娱乐心理，进而实现信息传播的迅捷高效。企业新闻传播的高性价比，是指一般情况下，把具有新闻特质的企业信息通过报纸、电视、广播、互联网以新闻的形式传播出去，其成本比企业商业类广告更低，甚至是"无本的买卖"，如新闻媒体对企业的主动报道，或者是企业的新闻传播人员将企业的人和事以新闻通讯等形式发表。信息阐释的完整性，是指新闻报道可以采取说理或陈述的方式，把企业的目标信息传播得更准确、更详尽、更客观。

良好的企业形象可以在消费者心目中营造一种对企业所有产品和服务的认同感和信任度，使企业在激烈的市场竞争中立于不败之地；良好的企业形象能够增强内部员工对企业的忠诚度和归属感，与企业荣辱与共、高效率工作；良好的企业形象可以增进社区对企业的好感，赢得社区公众的信任和支持；良好的企业形象还有助于政府对企业的了解，使企业处于不利境地或者遇到某些困难时，能够得到政府的政策扶助。因此，良好的企业形象是现代企业的无形资产。面对日趋白热化的市场竞争，每一个现代企业都倾力塑造良好的企业形象。

企业形象是一个复杂的系统工程，其构成要素有：（1）实力形象，主要包括企业固定资产、流动资金、产品销售与生产规模、员工人数以及装备先进性等，这些是企业形象存在的物质基础。（2）文化形象，主要包括企业使命、企业精神、企业价值观和企业目标，是企业形象的精髓。（3）人才形象，主要包括企业的人才阵容、科技水平和管理水平等。(4) 品牌形象,即企业的产品质量和服务、企业标识等留给公众的总体印象。品牌形象是现代企业形象的生命线。企业形象是企业综合行为的产物,是企业各种活动和外在表现在公众心目中的反映,其内容是客观的,而非纯粹的主观印象。因此,在企业新闻传播的实践中,要始终围绕塑造良好企业形象这一主旋律,把企业的实力形象、文化形象、人才形象和品牌形象的相关信息客观真实地传播给社会公众。

(二) 双向沟通原则

与一般意义上的社会新闻传播不同,企业新闻传播是塑造良好企业形象的一种行之有效的公共关系活动方式,要达到塑造良好企业形象的根本目的,在具体实践中,企业新闻传播必须遵循双向沟通的原则,即一方面通过新闻传播的形式把有关企业的实力形象、文化形象、人才形象和品牌形象的信息输送给社会公众;另一方面应用各种手段了解舆论、收集民意、反馈信息,使企业的新闻传播有的放矢,以保证企业对外界信息做出及时反应,调整自己的活动和行为。因为双向沟通是公共关系信息流通最基本的特征,一次传播过程的完成,是以从新闻信息源经过传播者到达接受者的传播为标志的,传而不通是无效的传播。

要真正达到信息的双向沟通,企业在对外发布信息时,须通过科学分析,采用适当的新闻媒介和传播方式,坚持真实、全面、客观和公正,不能弄虚作假或者哗众取宠,也不能文过饰非、美化自己,甚至贬低他人,尤其要杜绝菲尼斯·巴纳姆式的单向虚假的新闻传播,那种把企业新闻传播看成是纯粹"新闻炒作"的观点或者只把企业新闻传播当成单向的产品营销的做法,对企业也是有百害而无一利的。在收集信息时,注重运用科学方法,做到定性与定量分析相结合;在反馈信息时,不能凭主观意愿和兴趣爱好任意取舍、报喜不报忧。

(三) 利益兼顾原则

企业新闻传播的利益兼顾原则,包括两个方面的含义:一是使企业经济效益与社会整体利益相统一,二是使企业与媒体利益相均衡。

企业经济效益与社会整体利益相统一,就是要求企业顺应时代潮流、把握社会脉搏、反映群众心声,使企业的新闻传播行为既能够给自身带来经济效益,又能推动社会精神文明的发展。近年来,不少企业以绿色环保为主题所开展的新闻传播活动,体现了追求企业经济效益与社会整体利益的相互统一。

在新闻传播实践中,企业利益和媒体利益往往并不一致,有的时候,企业想宣传某些目标信息,在媒体看来并没有价值,不予以发布;有的时候,媒体希望传播的信息,又不是企业想要的。因此,在企业利益和媒体利益之间寻找到平衡点,找到媒体和企业共同的话题和诉求点,是企业新闻传播需要解决的问题。这对企业新闻传播人员自身的职业素养和技术能力提出了更高的要求。

(四) 受众中心原则

受众中心原则,是特指在企业新闻传播活动中要树立受众本位意识,充分运用传播学、心理学和新闻学的相关原理,研究受众心理,把握受众喜好,通过卓有成效的新闻传播来塑造良好的企业形象。

受众是企业新闻信息的接受者。人类历史上第一位传播学家,传播学学科创始人,人称"传播鼻祖""传播之父"的施拉姆认为:受众参与传播就好像在自助餐厅里就餐,媒介在这种传播环境中的作用只是为受众服务,提供尽可能让受众满意的饭菜(信息)。至于受众吃什么,吃多少,吃还是不吃,全在于受众自身的意愿和喜好。也就是说,在新闻传播过程中,受众是积极主动的信息寻受者,而非被动的信息承受者,他们是按照自己的兴趣爱好去寻求各种信息,对于外来信息进行有选择地接触、理解和记忆,以满足自己的需要。

受众更是企业形象的裁判员。企业形象归根到底是企业行为在受众心目中的反映,是受众对企业的一种综合性的认知,一种综合性的总体印象,必然会受到受众的思维方式、道德标准、价值观念、审美取向、性格差异等主观因素的影响和制约。因此,任何一个企业形象在不同受众心目中具有不同程度的差异性。

受众既是企业新闻信息的接受者,又是企业形象的裁判员的双重特性,决定了在企业新闻传播活动中受众的中心地位。为了塑造良好的企业形象,企业的新闻传播人员必须牢固树立受众本位意识,以受众为中心,想受众之所想,急受众之所急,全面重视自己的每项活动,务求把每件小事做好,以便使自己在受众心目中留下良好的印象。

(五) 持之以恒原则

持之以恒原则,是指在企业新闻传播活动中要有长远规划,锲而不舍、坚持不懈、不断积累、善始善终，而不能零敲碎打、急功近利，甚至鼠目寸光、半途而废。因为良好企业形象的树立，绝非一朝一夕之功。作为塑造企业形象的一种行之有效的公共关系活动方式，新闻传播必须是一个持续的过程，是一个长期的行为。①

（六）系统规划原则

出色的新闻传播绝对不是信息的随手拈来，而是系统而周密地谋划的结果。因此，在新闻传播启动之前，开展系统的规划是有必要的。

（七）事件优先传播原则

大量的事实证明，事件最具有传播力，因此，"事件营销"被称为企业新闻传播第一利器。在没有事件的情况下，如何制造新闻事件，并借助这个新闻事件进行传播，对企业新闻传播人和公关公司，都是一个严峻考验。

四、新媒体时代企业新闻传播形态

新媒体时代企业新闻传播的形态变化，主要体现在传播环境、传播方式及传播主体三个方面，具体内容如下。

（一）传播环境变化

新媒体的载体为互联网和移动互联网，故企业新闻传播会受到互联网即时交互性的影响，企业新闻信息的采集、制作、传播、扩散及互动等工作，均可成为单独的个体行为，即新闻信息的传播，就是以上单独个体集合为整体的一个过程。在新媒体时代，社会公众均可直接参与到企业新闻信息的采集、制作、传播、扩散及互动等工作中，并在其中扮演着主要角色，这是新媒体时代企业新闻传播环境最大的改变。由于新媒体扩大了企业新闻的传播环境，非专业的新闻参与者会使企业新闻具备非专业性，且在新闻传播中会滋生诸多问题，如网络新闻暴力、虚假新闻等。由此可知，在新媒体时代，企业新闻传播环境并不是安全和稳定的，企业的不当行为极易招来网络暴力，并对企业的形象产生负面影响，甚至影响企业的正常发展。

---

① 江泉. 企业新闻传播的基本原则 [J]. 新闻爱好者，2011（20）.

（二）传播方式变化

在新媒体时代，新闻界的技术明显进步，企业新闻传播的手段、形式不断丰富，企业通过多种媒体的形式，将新闻向多种媒体平台传播，这已经成为新媒体时代企业新闻传播的主要发展趋势，也是丰富企业新闻传播内容和形式的最佳方式。企业在实际的操作中，能同时整合多个媒体平台，直接参与到企业新闻的一线采访、实时发布及动态播报等过程中，使企业的新闻能实现全方位的立体传播，并通过连续采集的大量新闻信息，使新闻素材的采集和制作均能符合不同媒体平台的需求，使企业新闻的传播形式逐渐走向多样化。

（三）传播主体变化

传统的媒体时代，新闻主要源于企业组织、政府机构及社会团体，并由专业性较强的新闻工作者对新闻内容进行采集、制作和传播，故传播的主体为职业新闻机构。而步入新媒体时代，传播主体发生巨大变化，已经转化为职业新闻主体与社会公众共同组成的形式，尽管社会公众在新闻传播中并非占据主要地位，但是这已经打破了传统媒体中职业新闻机构独占鳌头的局面，使企业新闻主体走向多样化。[1]

第二节 企业新闻传播的营销内容

一、内容营销的特征

（一）传播手段复杂

在企业新闻传播的内容营销中，内容是适应不同媒介平台而不断转化的：企业内刊适合长时期保存，电视广告能够实现声画同步传播，自媒体平台可以及时实现受众反馈。

一般来说，现代化的内容营销会涉及多种形式的说服手段，比如用静态的文字或图片，穿插动态的动图或者视频，或者具有交互性的内容，使受众获得

---

[1] 栾鹏.新媒体时代新闻传播主体变迁的讨论［J］.才智，2015（2）.

更好的体验。

感性与理性说服的交叉使用，让受众获得情感与理智双重的认知确认，增加内容说服的概率。多种传播手段综合应用，可以使传播内容最大限度地灵活生动起来，避免生硬和干涩。通过引入具体的个案分析或者研究数据、调研报告等具有权威和公信性的结论，更容易说服受众，树立企业形象。此外，当企业在新闻传播内容中推销某个产品、某项服务或者某种观念的时候，综合运用传播手段效果会更好。同时，也能与用户拉近距离，提高企业和社会组织的可信度。

（二）内容指向性明确

普通传播内容和内容营销虽然都可以传递多重目标，但企业新闻传播营销策划的内容往往具备更明确的指向性，并且通常倾向于两种。首先是品牌意识，组织围绕品牌的活动或讨论。其次是沟通受众，品牌公司可以围绕受众存在的疑问或问题，使用社会渠道作为一个开放的论坛与客户直接对话，从而达到营销推广的效果。相比之下，普通内容的目标较为分散，且内容指向性不明确，最重要的是不直接与受众发生联系。

因此，内容营销的重心是以特殊的指向性为基础，这样可以把更多的焦点放在受众需求上。将优质的内容作为企业或品牌的前景，品牌可以与其建立联系并鼓励受众转换思路或产生购买动机和行为。开展内容营销之前，制定明确的营销目标。只有目标明确的营销活动，才能获得优秀的效果。

（三）具备可衡量的成果

内容营销的成果，可以通过查看各发布平台的相关数据，如传播抵达率、阅读数、转发量、点赞数、购买行为等进行评估和测量，分析内容营销的总体效果，并总结实施过程中出现的问题及收获的经验。

在这个过程中，自媒体平台自然是先迈出第一步，即内容通常被制成一个个小的模块，使得统计过程相对简单。诸如抵达率、阅读数、转发量一类的营销成果等前台数据是相对好测量的。比较难把握的是潜在顾客转化、品牌美誉度、其他工具的帮助等。根据销售情况、影响力指标以及成本花费进行对比。

内容营销的回报和效果可以说是很强大的。品牌可以通过内容营销加深与客户的接触，丰富和拓展品牌内涵，用更加高明的方式进行产品或服务的销售，使企业和品牌有更大的概率获得保持领先的机会。

二、内容营销的优势

（一）低成本

大部分中小型企业除了自身的自媒体、用户群之外，没有大流量的曝光渠道，并且传统媒介平台的传播率和转化率很难统计，往往效果不佳。因此内容营销日渐成为企业，特别是中小型企业维持曝光度的首选。

如今要想使品牌会变得更加立体，让用户更加全面地了解一个品牌，单单通过简单的一两句广告语是不能深得人心的。更多的是需要通过多方位的接触，甚至是直接的互动。这时候，内容营销的作用，不再是简单的广告。这也是为什么说内容营销是未来的趋势而创业者需要跟上大势，提升策划能力，达到品效合一。

（二）隐蔽性

内容营销（软文广告）往往具有隐蔽性，与传统的硬性广告相比更容易被消费者接受，因此它已经成为目前产品、商品和广告商乐于采用的方式。软文广告抓住了受众选择该媒介的首要目的，即获取更多信息。因此，软文广告的信息到达率高，而且软文营销手法细腻委婉，对受众来说有较高的亲和力，易于接受。

与媒介环境复杂相适应的是，受众在广告轰炸下，显示出愈来愈明显的离心倾向和逆反心理，充满对广告的不信任感，对各种营销信息表现得越发麻木和冷漠。具体表现为对广告的逃避和不专注。硬广告由于形式上相对突出，意图较为明显，因此非常容易被受众忽略。相对于传统硬广而言，软文广告传达的信息量较大，能将话题展开说清楚。内容型软广告多属于渗透性传播，劝说性意图较弱，因此隐蔽性特征极佳。在表达方式上，主攻内容的营销广告，手法细腻，更容易被受众接受，甚至还能激发受众的主动参与和传播，从而形成二次或多次传播，进而形成进一步推广。

（三）多元化

在表现手法上，内容营销的呈现方式更为多元，并且不再局限于单一的传播渠道，因而能够展现更多传统广告无法传递的效果。随着电影、电视等媒介手段的发展，在传播内容中插入企业的产品或服务，以达到潜移默化的宣传效果，已成为一个非常普遍的选择。视听结合较好的营销方式一度是电视媒介，然而电视媒介由于其单向传播性，在新一轮的营销市场中，不免败下阵来。互联网特别是视频网站、手机端口等的兴起，为内容营销提供了新的营销平台。在互联网时代，受众接受营销的态度往往是更加积极主动的，优质的内容营销往往能够投其所好。因为载体的多样以及传播方便，所以一有优秀的内容营销的案例，通常的传播速度都是很快的，而且现代的网络条件很发达，也加快了这一传播速度。

在多元渠道呈现内容的同时，企业还可以通过策划、组织和利用具有新闻价值、社会影响以及名人效应等的人物或事件，形成现象级事件营销，从而吸引更多媒体、社会团体和消费者的关注，以提高企业或产品知名度、美誉度，树立良好品牌形象，并最终促成产品或服务升级。

三、内容营销的原则

内容营销指的是以图片、文字、动画等介质传达有关企业的相关内容来给客户信息，促进销售，就是通过合理的内容创建、发布及传播，向用户传递有价值的信息，从而实现网络营销的目的。他们所依附的载体，可以是企业的LOGO、画册、网站、广告，甚至是T恤、纸杯、手提袋等。根据不同的载体，传递的介质各有不同，但是内容的核心必须是一致的。

1. 热点是否正向

如果该热点内容低俗或是明显侵犯了当事人隐私权，就不是一个正向的事件。是否合理合法也是重要的指标之一，很多品牌在名人热点出现的时候，未经授权直接盗用名人的肖像等，这事实上已经构成了侵权，在法治社会，会导致巨大的经济损失。

2. 热点是否和品牌相关

这里的与品牌相关，不仅是与品牌定位相关，还有一个重要的方向，就是要和用户的定位相关。生硬地联系，反而不利于品牌形象的树立。而用户的定位，不仅仅是年龄上的，更是身份和心理接近性方面的。目标用户的活跃度，是判断该事件是否与品牌有关至关重要的方面。不管技术如何发展，内容的形式如何变化，"讲故事"是企业内容营销永远的主题。

内容营销和传统营销之间没有太大的区别，因为仍在努力吸引客户，仍在尝试与他们建立持久且有利可图的关系。不同的是如何去做。使用传统广告，可能会采用一系列不同的营销策略。它可能是一个重点关注广播通信，如群发消息，可以传递给最大数量的人。通过内容营销，它更多的是建立品牌信任，以更真实的方式建立忠诚度。

3. 热点事件发酵的时机

互联网改变的不仅仅是信息的传播方式，信息传播和淘汰的速度也不断加快。现代技术的发展，多重媒体交叉，缩短了人际交往的距离和时间，提高了人际的交往频率，然而交际频率的加速使得交换信息的速度越来越快。一般来说，超过一天，如果还未能找到品牌与该事件的联系点，那么利用这些内容进行营销的意义也就不大了。①

第三节　企业新闻营销的二次传播

一、二次传播的传播学原理

传统教科书对二次传播的界定是：新闻媒体传播的信息，在被受众接受后，其传播过程并未结束，它常常又以别的舆论形态继续传播下去，这种继续传播被称为"新闻的二次传播"。它具有如下一些特征：非灌输性，传播范围广，不受条件限制。

现在看来，这个"二次传播"的定义有点"老套"。在互联网时代，"二次传播"除了有以上传统意义的特征外，还有如下新的特征。

（一）形态的多样性

"二次传播"不再仅仅是传统意义上的口口相传，而是报纸到广播、报纸到电视，乃至当下的报纸到互联网、报纸到手机以及不同媒介之间的二次传播。可以说，互联网时代的"二次传播"有了媒介的多元化，也就有了"二次传播"形态的多样性和丰富性，这是以往不可想象的。

---

① 李凌. 企业新闻传播与营销策划［M］. 南京：南京大学出版社，2018：48.

（二）形式的互动性

传统意义上的"二次传播"是单向性的，不可逆的。随着科学技术水平的发展和提高，互联网、手机可以转发互动，广播、电视也可以与受众实现即时的互动，使得新闻的"二次传播"变得更加活跃和生动。

（三）内容的丰富性

二次传播手段变得极为多样和丰富，使得二次传播不再是简单意义上的转载、转发、转播、摘要。新闻信息会在二次传播、三次传播甚至多次传播中得到延伸和拓展，变得更加有深度，也变得更加丰富多彩，产生更为广泛和深刻的影响。

二次传播不仅仅是一个传播学范畴，其理论可以在哲学和民俗学中找到依据，同时也符合人际传播的种种特性。现代网络媒介中的人际传播比起物理世界的人际传播更加轻松便利。符号和电子的传播媒介，使得这个二次传播的过程能够在弹指瞬间即可完成。

二、企业新闻二次传播的特点

二次传播是一种非强制性、无须传播投入的自发性传播。新媒体广告传播的主体是广告主，客体是受众和消费者。广告主是广告内容、形式的决定者。广告主可以控制的也就是这一个环节。广告一经发布，广告传播并没有结束，广告客体中间的一部分资源充当广告媒介去传播广告信息。而他们的这些传播行为，广告主是无法控制的，因而它是自觉和免费的。

（1）新媒体广告二次传播是发生在一次传播客体内部的传播。新媒体广告二次传播的实质是对企业信息的再次传播，是基于一次传播上的传播，没有接受过第一次传播信息的消费者就没有产生二次传播的可能。

（2）新媒体广告二次传播能否发生以及发生的强弱及效果由一次传播决定。新媒体广告二次传播主体为消费者。内容则是对第一次传播信息和以往经验的融合。但是，由于信息不对称现象的存在，总体范围看消费者的经验，其影响基本上可以忽略。所以，影响第二次传播的实际上只有第一次传播。

（3）新媒体广告效果由一次传播和二次传播共同构成。广告效果可以理解为形象提升效果和销售效果，但无论是促成好感还是促成购买，这都依赖于消费者认知结构的改变，很显然这种结构的改变则是由外部信息环境的改变而改变的，而一次传播和二次传播则共同创造了这种信息环境。

所以，如何利用广告一次传播内容的可控性来创造尽可能多的二次传播，是营销策划人员所需要思考的。

第一点是可得性高。现代人本质上都是非常孤独的，所以需要随时随地地去消遣。在这一点上，读书、玩游戏和看剧都能做到这一点。

第二点是感官享受。读书需要大段文字去阅读和理解，很多人看到那么多字就会觉得头疼。声音和影像的魅力是文字无法替代的，它们更好理解。

第三点是互动性强。你看剧比较难主观代入，但你去玩一个游戏，你会给自己起一个名字，然后你就是里面的英雄，整个故事线都在围绕你发生，这样你就有一种代入感。因为你代入了，并且你需要自己去操作，你在里面整个思维的集中性也会维持得比较久。

三、二次传播与企业新闻营销策划案

想要获得二次传播的效果，需要进行二次传播，必须对其过程的核心要素及运作方式做一个系统梳理。

（一）企业新闻二次传播的核心要素

营销内容与普通内容之间存在着不同之处，基于二次传播的营销内容创作，即对于深层信息的发掘，则更是难上加难。深层信息往往像冰山一样隐藏在表层信息的下面，一般人发现不了。而恰恰就是这些深层信息，才最具有二次传播的价值，成功的新闻传播要求我们必须超越一般思维，发掘有价值的传播点。一般来说，利用新媒体实现二次传播促进营销的策略，大致有以下核心要素。

1. 传播门槛低

二次传播需要消费者的主动配合，需要尽量减少受众记忆和传播的难度。一句通俗易懂的广告语、一首一学就会的广告歌曲、一个滑稽可笑的动作表情，往往更容易促使人们主动去传播。"今年过节不收礼，收礼只收脑白金"，脑白金广告语的流行纵然和其高密度的广告投放密不可分，但广告语的通俗易懂、易口头传播的特点无疑也在为营销效果加分。

2. 符合大众习惯

新媒体广告的首要目的是争取人们注意并记住它,但如果能够让人们在生活中不经意地回想它,广告的目的就达到了。很显然,人们在熟悉的环境会想到熟悉的事情。从人们的习惯行为、常见场景中寻找或衍生广告表现元素就会更加容易形成记忆。所以,二次传播若能把产品目标消费者共同要经历的场景找出来,再适当地切入自己的产品或品牌元素,就会大大增加广告的回响率。

3. 结合新近的热点

人们不仅仅只对熟悉的事情感兴趣,不非常关注身边发生的新鲜事。"天下大事、匹夫有责",围绕大家共同关心的话题提出有建设性的观点,在阐述观点的同时,顺其自然地突出企业和品牌。如果能将营销巧妙融入时下热点话题,自然就会成为人们茶前饭后的谈资,产生二次传播。

4. 与一次传播有效配合

二次传播中普遍存在一个转发与传递的过程,受众在二次传播形成期间会对一次传播的内容进行数次重新审视。这个时期,受众的媒介传播经验,也已经从感性概念转为理性思考,从粗放式投放转为精准化模式,从单一媒介转为资源整合。所以,当受传者自动充当营销信息的传播者发动二次传播时,往往既能巩固一次传播的效果,又能让二次传播的消费者更有信心,而传播的对象也更容易被说服。所以,如何把握一次传播投放的时间和频率是非常重要的。

(二) 企业新闻二次传播的执行方式

对于每一种商品,消费者都会有一个心理预期,如果预期被打破,出于利益驱使或好奇心理一般都会去探个究竟,而在这个"探究竟"的过程中,为了化解风险,往往会拉人同行或征求别人的意见,从而形成二次转发。

由于二次传播是一种非强制性、无须传播投入的自发性传播,企业新闻传播的主体是内容,客体是受众和消费者。企业是营销内容、形式的决定者,但企业可以控制的也就是这一个环节。营销内容发布出去以后,传播却并没有结束,而营销客体中间的一部分资源充当广告媒介去传播广告信息。他们的这些传播行为,完全是自觉和免费的,因此,在新媒体平台中比较常见。

1. 媒体曝光

以故宫文创产品为例,营销人在不断探讨其老品牌的年轻化,同时也让文创圈看到"故宫"二字火爆背后蕴藏的东方美学越来越受大众欢迎的市场潜力。

从抢不到的"萌萌哒"胶带，到故宫淘宝和故宫文化创意的文创口红之争，从《我在故宫修文物》到《上新了，故宫》，故宫开启"神操作"，作为文博产业的创意榜样，故宫前所未有地打开暮气沉沉的宫门，强势杀入年轻人的视野，从而也引发一波又一波的热议。

二次传播是发生在一次传播客体内部的传播，其实质是对企业传递内容信息的再次传播，是基于一次传播上的传播，没有接受过第一次传播信息的消费者就没有产生二次传播的可能。营销或者广告的二次传播主体为消费者，内容则是对第一次传播信息和以往经验的融合。所以，一次传播即媒体曝光是首要环节。

2. 社交网络的自发传播

以@故宫淘宝微博为例，这种影响是潜移默化的。受众出现这种分享欲望可能是基于自我认知，以及社交参与感。"you are what you eat"，人们所拥有的，所传递的，代表了这个人的一切。每个人都和他所感兴趣的一切相关联。

故宫文创产品现已经变成高质量、高品位的代名词，将原先人们对旅游纪念品"低质量""坏品味"的标签一扫而去。故宫彩妆系列更是变成了一票难求的"网红产品"。

故宫还是跨界合作的宠儿，与品牌联合推出合作款，不仅能借势营销，还能让故宫文创传播更广，深入生活。时尚芭莎与故宫文化珠宝的合作，让中国风美出新高度。稻香村与故宫合作，端午推出五毒小饼，中秋推出宋徽宗画作元素的月饼。暑期，故宫文化中心又和农夫山泉联合出品了"故宫瓶"。

故宫文创产品通过高度人情化的定位，使得本身"不接地气"的"国宝"产品，变得平易近人。以往故宫文化产品注重历史性、知识性、艺术性，但缺少趣味性、实用性和互动性，与大量的社会民众消费群体特别是年轻人的购买诉求存在较大差距。故宫博物院要做的是受众期望与文创产品的升级互动中，让人们真实感受到故宫博物院要传递的文化内涵。

对于企业来说，它有很多信息可以传播，但是，新闻绝对不是所有信息的累积，信息的累积不是新闻。事实上，这些信息对于企业来说，价值是不一样的。例如有的信息需要第一时间传播出去，有些信息没有时间的要求；有些信息对企业的价值大，有些信息对企业的价值小。新闻传播就是对这些信息进行分类、梳理，分出轻重缓急，然后依据信息由重到轻的顺序进行释放。

四、企业新闻二次传播的潜在问题

随着新媒体广告的二次传播的优势慢慢被受众接受认可，广告主对新媒体广告二次传播手段使用的同时还要留意其中很多潜在的问题。

（一）弥补受众公信力不足

新媒体的二次传播发展面临着很多传统媒体没有的优势，但不可否认的是也存在很多的不足，例如其中的权威性、可信度常常受到质疑，这点对于广告传播无疑是致命的。受众在接受广告信息的过程中对信息信任与否直接关系到广告的经济效益，因此网络传播信息的真假难辨、良莠不齐必然会引起受众的排斥心理，所以新媒体广告较好的往往还是在传统媒体上发布过的。

（二）重视广告与受众的互动

新媒体广告的二次传播之所以成功，其中最重要的原因是它的互动效果，但是广告主不能让这种互动形同虚设，既然能让受众提要求，有反馈，就应该重视受众的反馈信息，而不是视而不见，不加改进，或者受众反馈后没有反应。

（三）运用先进手段

随着科技的日新月异，新媒体的发展必然引起新媒体广告的进一步兴盛，这种新型媒体形式可以使受众接触到更新型广告形式，了解更多的信息，但是在视觉和听觉享受的同时也需要有广告创意的吸引才能让受众接纳更多的广告内容。广告主应该在创意方面多下功夫，使受众不仅自己接受信息还可以用作娱乐向其他人转发信息，从而达到信息的二次传播。

总的来说，新媒体广告发展的黄金时代已经来临，新媒体广告的二次传播优势，已经被广告主逐渐发现并且使用，受众真正在新媒体广告的二次传播中担任重要的角色。但是要真正将新媒体广告二次传播的优势发挥出来才是新媒体广告二次传播发展的未来方向。

第四节　新媒体时代企业新闻传播的策略

一、运用新媒体进行宣传创新

企业在进行新闻宣传时，要懂得合理利用网络手段。借助新媒体，运用新媒体互动性强的优势，可以吸引人们的注意力。同时，企业借助新媒体可大大缩减新闻宣传的成本，通常来讲，传统的以电视、报纸为主的宣传方式的成本较高，而借助于新媒体进行宣传可以使成本大大降低。首先，企业借助新媒体进行宣传，可以扩大宣传的受众群体，进而增强宣传的效果，并提升企业的影响力。此外，在新媒体时代，可供选择的宣传平台大大增多，例如微信、微博等都是在人们的生活中使用占据比例很高的，在这些很受人们欢迎的平台中进行企业宣传，可以很好地提升宣传的效果。

二、注重人才的培养

人才是一个企业发展的基础，因此，要想提升宣传效果、在新媒体的视野下更好地做好企业新闻宣传工作的优化，就要为行业培养更多的人才。企业对于人才的培养主要通过两个方面来实现，一方面是提升企业对新闻人才的重视程度，加大新闻人才引进的力度，在进行引进的同时，要设定合理的新闻宣传考评要求，寻找具有较高专业素养和适应新媒体传播创作的新型人才；另一方面，要重视对公司新闻宣传人员的培训和教育，定期派新闻宣传人员出去培训或者学习，学习新的业务技能、开阔视野，不断提升其职业素养，促使新闻宣传人员能够提出更加有效的方法和思路，以提升企业宣传效果。加强对新闻宣传工作人员的业务管理，使工作人员对企业新闻宣传的每个流程都有很深的理解，并能提出新的想法。现在的社会处于高速发展的新时代，在这种环境下，企业新闻宣传的发展速度同样很快，企业新闻宣传同样具备和社会新闻一样很强的时效性和宣传效果。而对于时效性和宣传效果方面的把控都是由人来完成的，这就体现了新闻宣传人才的重要性，人才的脑力劳动是无法取代的。加强对人才的培养，对企业新闻宣传流程进行把控，提出创新性的想法和思路，从而提升宣传效果，实现新媒体视野下企业新闻宣传工作的不断优化。

三、注重长效合作

在新媒体视野下，企业新闻宣传工作要注重长效合作，要以长远的目光看待企业新闻宣传工作，避免短浅的眼光，要打开围墙，在加强自身对内宣传的同时，积极与社会主流新媒体合作。例如，企业与所在地新媒体进行合作时，采取请专业记者进来的方式，与企业通讯员合作来完成企业亮点成就及先进人物的采访报道，以提高企业的宣传效果。而且，企业与社会主流新媒体开展长效合作，会增加彼此之间的信任程度和默契度，在遇到困难时，也更容易获得舆论方面的支持，能够更好地解决问题。

在新媒体时代，企业除了要和社会主流新媒体保持长效合作以外，也要充分应用新媒体，做好企业的新闻宣传工作。微博、微信等是新媒体中的典型代表，使用人群很广泛，如果企业在这些平台上开通专门的公众号，宣传企业的经营理念和品牌，一定可以取得事半功倍的效果。同时，受众可以在平台上留下自己的意见，企业可以对这些意见进行整理，从而制定更加符合企业发展的经营策略。因此，注重长效合作，充分应用新媒体，是新媒体视野下企业新闻宣传工作的重要优化措施之一。

四、整合传播渠道

现在的社会发展速度极快，日益变化的信息生存环境促使企业新闻不能以传统的方式继续求生存，只能以数字化转型来拓展新的生存空间。在信息充斥的时代，单一渠道的宣传效果已不能适应新时代发展的需要，如果没有其他的媒介参与，企业新闻宣传的效果很难达到预期，也难以产生相应的影响力。因此，如果企业想要在新媒体视野下获得良好的新闻宣传效果，就要进行传播渠道的整合、优化，对不适应新时代信息化的宣传平台实行转型，并将其多种传播平台的优点整合到一起，形成新的传播平台，以期获得更好的宣传效果。因此，企业在进行新闻宣传时要注重多种传播渠道同时并进，扩大受众范围，进而提升企业新闻宣传效果，为企业生产经营中心工作服务。[①]

---

① 马新. 新媒体时代企业新闻传播的重要性及优化措施 [J]. 西部广播电视，2018（14）.

五、建立新闻代言体制

在新媒体时代，活跃在新闻界的主体包括传播新闻的个人、依托传统媒体新闻资源的新闻机构及"意见领袖"。"意见领袖"就是在发生一件新闻事件的现场，政府、主流媒体及专家等群体扮演的角色。而当"意见领袖"在新闻现场处于缺位状态，且公民亲历新闻现场时，公民可暂时扮演"意见领袖"的角色，成为新闻的真实传播者。因此，企业选择可适当引进新闻代言制，选择最佳的新闻代言人，可对受众实施良性引导，并为企业树立正面的形象，减少网络暴力事件，进而扩大企业新闻的传播效果。①

六、整合新闻传播平台

在新媒体时代，企业新闻传播工作，不但需要借助传统媒体的支持，而且需积极参与到新媒体发展中，以拓展企业的生存空间，树立积极的企业形象，促进企业进一步发展。企业新闻传播的主要方式为整合新闻传播平台，扩大受众的数量和范围，如在企业内部树立真实、积极的传播理念，即新闻传播的目的是利用新媒体的受众群体，扩大企业的知名度，并为企业打造专属品牌，为企业的发展创造条件。

七、更新新闻语言

在新媒体时代，传统媒体和新媒体不断融合发展，成为媒体界发展的主流方向，新媒体不但能丰富新闻的传播形式，而且传统媒体的广播、报纸、电视等在发布新闻时，均大量使用新媒体中的网络词汇，已形成一种独特的媒体语言。新媒体语言就是将图片、视频或音频、文字融合的新闻语言类型，其不但使新闻更具形象性，而且也可增强新闻的可读性。企业新闻传播的目的是打响自身的知名度，因此，企业在新闻传播的工作中，需更新企业新闻语言，引用新型的网络语言，增加企业新闻的可读性，吸引更多的受众关注企业发展，也更能引起受众的喜爱和共鸣，增强新闻的感染力和传播力。②

---

① 周越辉，刘佳玉. 新媒体新闻传播特点的分析 [J]. 科技与企业，2013 (4).
② 肖国林. 新媒体环境下的企业新闻工作 [J]. 神州，2013 (8).

八、转变新闻传播思维

在新媒体时代，受众可以更自由地参与到新闻传播中，使企业新闻传播更具互动性。而新闻中的互动指的是新闻传播者凭借现代先进的互联网技术，让受众能不限时间、不限地点地参与到新闻信息的采集、发布、传递等工作中，且受众还能对新闻进行评价。新媒体下企业新闻的传播者和受众能互相交流，这一现象改变了传统媒体对新闻的垄断地位。

随着我国互联网的出现及发展，QQ、微博、微信等新闻传播方式的出现，为新闻传播提供更多的互动机会，每个网络使用者均能成为新闻的发起者、参与者。在此种新闻传播环境中，受众的参与欲会被激发，其不但能主动提供新闻线索，而且，还可参与到专业新闻的评价中，体现出企业新闻的全方位互动。在新媒体时代企业新闻传播需转变新闻工作者的新闻传播思维，重点增强企业新闻的互动性，主动为受众提供互动平台，或者参与新闻传播的机会，将企业新闻通过多思维、多角度和多形式的方式对外传播，以扩大企业新闻传播的广度和深度。

九、创新传播内容

在新媒体环境下，媒体间的竞争已不仅仅是品牌、时效性这些简单指标的比拼，而是需要更强的传播能力和用户到达能力。新闻媒体要实现传播效果最大化，就需要树立服务意识，以用户的需求作为传播内容创新的着眼点，把发展用户、凝聚用户、服务用户贯穿媒体融合发展的全过程，为用户提供良好的新闻服务。

1. 提高内容的公信力和权威性

无论新闻媒体的形态如何变化，内容这个新闻传播的最关键要素始终不会改变，因为内容直接影响着新闻的可传播性。在新媒体时代，受众接触到的信息数量空前繁多，但其中鱼龙混杂、真伪难辨。这时，受众需要的就是专业、权威、有深度的新闻解读和分析。

而新闻媒体的专业新闻工作者在长期的新闻实践中形成了自媒体所无法比拟的专业性和权威性，通过对受众关注的热点、难点、焦点问题的挖掘，能够生产出有情感、有时代特色的新闻产品，促进新闻质量的不断提高。

2. 提高内容的贴近性和针对性

要挖掘受众生活中最鲜活的素材，用接地气的表达方式和受众喜爱的传播语调，讲好受众身边故事；要利用大数据、云计算等技术，分析后台收集的受众浏览记录、阅读习惯等数据，将受众进行归类整理，为受众贴好"标签"，精准推送适合受众的新闻内容，实现精准引导和资源的合理利用，提升新闻传播的个性化服务能力。

十、坚持正确舆论导向

在新媒体时代，随着媒体融合从相加迈向相融，去中心化的趋势更加明显，传播方式将发生更为深刻的变化，对用户的吸附能力将成为评估新闻传播能力的重要指标。面对这种形势，创新成为新闻传播的关键。但新闻媒体不管如何创新，都必须坚持党对新闻舆论工作的领导，坚持正确的舆论导向，唯有如此，才能确保新闻的真实性与科学性，实现主流媒体的责任与担当。新媒体环境下，普遍缺乏有效的"把关人"，各种社会思潮和价值观念呈现多元、多样化态势。面对复杂的国际舆论环境和国内新情况、新问题，为了防止部分人别有用心，新闻工作者要加强责任意识，牢牢把握舆论导向，紧跟时代发展，占领新兴传播舆论阵地，形成与媒体融合发展相适应的新闻传播机制，引导广大用户树立正确的价值观念。

第八章 数据新闻的传播

大数据打造的信息社会正在影响人类社会，这场信息风暴正在改变我们的生活、工作和思维，我们要看到并充分发挥大数据的真正价值。基于数字分析技术之上的数据新闻横空出世，成了海量新闻当中的新宠儿。本章将主要针对数据新闻的传播展开研究。

第一节 数据新闻概述

一、数据新闻的概念

"数据新闻"，也被称为"数据驱动新闻"，这一概念近年来发端于新闻实践领域。西方主流大报和一些独立新闻机构设立了专门团队来设计一些新型的新闻应用，即运用各种技术软件来抓取、处理、分析和形象化呈现数据，数据呈现方式包括可视化数据图、互动图表和网络在线演示等，开启了数据新闻实践领域的第一页。如今包括中国在内的世界各国的传统媒体、新兴网站和独立新闻机构正在逐步接受数据新闻的理念，并进行相应的实践尝试。数据新闻研究的奠基之作《数据新闻手册》认为，数据新闻简单地说就是用数据做新闻，它与其他新闻的不同之处在于，将传统的新闻敏感与数据及数据技术结合后，为新闻的出现提供新的可能，这种可能可以出现在新闻生产流程的任何阶段，它可能出现在人们使用软件来自动搜集或汇总来自政府、公安局和其他公民机构信息资源的过程中，也可能出现在人们使用软件发现海量数据之间的相关关系的过程中。在数据新闻中，记者通过简单的图表就可以表达复杂的事件，记者通过数据新闻也可以让读者更懂得新闻事件与自身的相关程度。数据既是数据新闻的资源，也是数据新闻表达的工具。

劳伦兹（Lorenz）在第一届国际数据新闻圆桌会议中将数据新闻定义为一种工作流程，它主要包括以下步骤：通过反复抓取、筛选和重组来深度挖掘数据，聚焦专门信息以过滤数据，可视化地呈现数据并合成新闻故事，数据新闻可以被视为一个不断提炼信息的过程，在这一过程中，原始数据转换成有意义的信息，当把复杂的事实组织成条理清晰、易于理解和记忆的故事时，公众才能获取更多益处。①

清华大学李希光教授则将数据新闻定义为在多学科技术手段条件下，把庞大的数据集中在不同变量的复杂关系及其与整个社会发展的关系，用视觉语言向公众展示，以这种更客观更友好的报道方式激发公众对公共事务的探讨与参与。②

所谓数据新闻，即将数据及数据技术应用于新闻生产流程中，以可视化技术来呈现新闻，在数据新闻的世界里，记者不仅是信息的传达者，更是意义构建者。

二、数据新闻的特征

数据新闻作为在大数据时代兴起并发展的一种区别于传统媒体时代的新闻报道形式，有其自身的特点。

（一）以数据为存在基础

数据新闻诞生且发展于大数据时代，数据的价值不断被挖掘与利用，公众逐渐认识到数据的重要性，基于此，全球掀起了"开放数据"热潮。技术的发展使得我们能够对海量的数据进行储存，数据开放使得我们能够获取到更多数据内容。数据作为数据新闻的"地基"，只有"地基"打牢后，"高楼"才能建起来，只有依靠准确的数据进行内容生产，数据新闻才能存在和发展，才能够利用数据将更具说服力的内容传递给公众。在我国疫情暴发初期，正是得益于各地卫健委等坚持不懈地提供各项数据，媒体才能够依靠所提供的各项数据，每天准时将疫情的准确信息传递给公众，让公众及时地了解到疫情的真实状况，减少恐慌，配合政府的各项防疫举措，在短时间内取得了抗疫的重大突破，稳定了民心。

---

① 方洁，颜冬．全球视野下的"数据新闻"：理念与实践［J］．国际新闻界，2013（06）．
② 李希光，张小娅．大数据时代的新闻学［J］．新闻传播，2013（01）．

(二) 以可视化为主要呈现形式

可视化（Visualization）是专业技术人员通过利用计算机图形学和图像处理技术，将海量的、非量化的数据转换成图形或图像，以此能够在屏幕上向用户进行直观地展示，同时还能够与用户进行交互的一种技术。其涉及图像处理、计算机图形学、计算机辅助设计、计算机视觉等多个领域，是研究数据表现形式、进行数据处理与决策分析等问题的一项综合技术。目前可视化技术不仅仅在数据新闻领域广泛使用，正在快速发展的虚拟现实技术也是以图形图像的可视化为基础的。在数据新闻中，有很多数据进行处理之后，用文字展现过于枯燥与冗长，利用可视化技术将这些数据结果制作成动静结合的图表、图像、动画等形式，能够生动有趣地展现报道内容，同时表达也更加直观清晰。同时可视化技术还能够实现数据与用户之间的交互，形成立体可感的阅读体验。

(三) 以服务公众和社会为传播目的

数据新闻并不是一个从天而降的新东西，而是适应大数据时代的发展，为了能够对海量数据与海量信息进行处理，进而更好地将内容传递给用户的过程中出现的。所以就其传播目的而言，其本质上依然是为公众和社会服务的，利用数据能够帮助公众更好地认识和了解周围的环境变化，掌握最新的社会发展情况与规律，预测事件未来的走向，便捷地在海量的数据中搜寻自己所需要的内容等。

(四) 以移动端为主的多元化传播渠道

数据新闻的发展脉络几乎与移动互联网的发展并驾齐驱，移动互联网时代的到来深刻地改变了用户的阅读习惯，数据新闻作为在移动互联网时代产生并发展起来的一种新型报道形式，除了在传统媒体的传播渠道中进行传播之外，其在传播渠道上以移动端为主，伴随着短视频 H5 等新媒体产品的发展，数据新闻已依托这些形式与其融合，推出了短视频数据新闻、H5 数据新闻等产品。

2019 年 9 月，经济日报推出了《数说 70 年》数据新闻可视化系列短视频，整个数据新闻中的数据由过去的单调转向了丰富，将数据与图像进行了紧密结合并互为补充，一方面提升了信息传达的准确性，另一方面使得整个报道内容脱离了视觉上的单调与乏味。通过移动端短视频的形式，使用户在短时间内接收到大量信息，以"上帝视角"对发展全局一目了然。整组作品贴合移动互联网的传播方式，是为移动端量身打造的，将单调枯燥的数据制作成极具"网感"的新闻产品，是重大主题宣传中一次很有价值的探索和创新，刊发后收到网民的高度认可。

三、数据新闻的功能

目前，在大数据新闻制作上已经积累了经验的国际媒体有《卫报》《纽约时报》《华盛顿邮报》等，但它们也处于探索阶段。通过对国内外代表性媒体的大数据新闻实践进行研究，可以总结出大数据新闻的4个功能，即描述、判断、预测、信息定制。

（一）描述新闻事实

数据新闻报道以可视化的图表、数据为依托，以时间为轴线，对新闻对象进行解释性的描述，并且在一段时间内呈现出动态的形式，这高于单纯文字传播的效果。此外，数据新闻还可以利用数据走向的趋势，进行预测性的报道，描述那些看不见的短期过程，比如，流言如何在社交网络上传播等。

（二）进行事实判断

数据新闻报道综合运用视觉化优势，立体化呈现新闻事实，让报道更有说服力，表现得更加清晰，也增强了新闻报道的权威性和客观性。

（三）预测新闻走向

大数据能够预测社会和人们日常生活中的各个方面。通过挖掘大数据，传媒在技术上可以制作出可视化、交互式的图表，告知很多事项。微观的如流行疾病来袭、交通拥堵情况；宏观的如经济指数变动、某种社会危机的来临等。例如，百度开发了"百度预测"网页，以"大数据，知天下"的口号推出，预测的产品有高考、世界杯、电影票房等。其后期准备上线的产品扩展到更广泛的领域，比如，金融预测、房地产预测等。

（四）个人信息定制

利用大数据的分析结果，满足网民的信息个性化要求，是国内外媒体的最新尝试。《今日头条》就是新媒体时代综合运用大数据进行个人信息定制的典型代表。数据新闻根据用户需求提供个性化的大数据服务，是未来的发展趋势。新媒体时代，媒体都在致力于以用户的需求为中心，利用大数据诠释宏观社会现象对用户的影响或者回答用户困惑的问题。如此一来，媒体便可以精准定位，经过后台计算，按照用户的接收习惯、工作习惯和生活习惯，将服务推送到用户眼前。例如，Five thirty eight 数据博客，在 2014 年 5 月 23 日新辟读者来信专栏"亲爱的莫娜"。其第一期开篇语阐释其目的是："我开这个专栏是为了帮助读者回答一些生活中重要的或者严肃的问题，比如我是不是很正常、我处在世界的哪个地位层面等，目的不是给读者答疑解惑，不是告诉读者应该做什么和不应该做什么。恰恰相反，我提供数据来解释、描述你的经历。"

综观这个专栏，读者的提问五花八门，比较严肃的如"美国有多少人从来没有喝过一滴酒？""美国有多少男性空乘人员？"也有比较私人的如"我该多久换一次袜子？""婚前同居会不会导致离婚"等。专栏作者利用美国范围内的大数据，即刻将分析结果告知当事人，但避免给出指导性意见，仅告知各种数据的分析结果，让当事人自己依照分析结果来处理自己所面临的问题。这个专栏与传统的纸质媒体读者来信专栏不同，不是通过星座、血型、生辰八字或伪装成阅历丰富的专家来提供些心灵鸡汤式的回答，而只用数据来说话。

这种尝试在媒体中并不少见。2011 年，BBC 广播公司曾根据 2012 年政府的财政预算联合毕马威会计师事务所做了一个预算计算器，用户只需要输入一些日常信息，例如，买多少啤酒、用多少汽油等，就能够算出新的预算会让你付多少税，明年生活会不会更好。

根据用户需求提供个性化的大数据服务，是未来的发展趋势。这些报道有一个共性，媒体都致力于以用户的需求为中心，利用大数据诠释宏观社会现象对用户的影响，或者回答用户困惑的问题。媒体可以精准定位，经过后台计算，按照用户的接收习惯、工作习惯和生活习惯将服务推送到用户眼前。

四、数据新闻发展历程

立足于新闻史的纵向发展，从精确新闻、计算机辅助新闻、数据库新闻到大数据新闻，随着数据挖掘技术与信息可视化技术的不断提升，数据新闻在中国的实践经历了萌芽、兴起到逐渐繁荣的发展历程。

（一）萌芽阶段

从新闻报道形式的演变历程看，数据新闻并非一种全新的形式，其起源于西方新闻媒体的精确新闻报道实践。20世纪60年代，美国学者、新闻记者迈耶（Philip Meyer）提出了精确新闻报道的理念,[①]强调新闻报道中社会调查研究方法、调查数据与结果的科学应用。精确新闻为数据新闻的发展奠定了基础。20世纪90年代，中国新闻媒体开始尝试运用精确新闻方式报道新闻，国内新闻传播院校陆续开设精确新闻学课程。精确新闻为新闻界引入定量分析的概念，对新闻从业者数据意识与数据素养的培育，以及数据新闻的普及教育起到了启蒙和推动作用。由于精确新闻报道的数据获取依赖问卷调查、民意测验等科学调查，且受技术和可利用数据的限制，其在新闻实践中并未得到大规模应用。

（二）兴起阶段

随着互联网的普及和计算机技术的发展，21世纪初期，国内计算机辅助新闻、数据库新闻的实践逐渐增多。作为从精确新闻到数据新闻的过渡，计算机辅助报道更偏向于一种辅助工具，数据多为新闻报道内容的辅助说明。2011年起，国内四大门户网站搜狐、网易、腾讯、新浪，相继推出数据新闻专栏："数字之道""数读""新闻百科""图解天下"，拉开数据新闻本土化实践序幕。在数据新闻兴起初期，媒体一般只通过制作简单的静态信息图表呈现数据信息，数据新闻呈现方式单一、信息图表形式简单、长条信息图类似长微博形式，只是对数据信息的表层整合，可复制性较强。如作为纸质媒体数据新闻实践的领先者，《南方都市报》在实践初期的报道多是直接以信息图表的形式在报纸版面上呈现数据信息。

（三）繁荣阶段

数据新闻的发展依赖技术的支持，2013年，《纽约时报》制作的"雪崩"题材数据新闻报道获奖，这引发了全球传媒界对数据新闻这一新型报道形态的关注，大数据与可视化技术的发展推动了数据新闻本土化实践热潮的到来。2014年1月，中央电视台《晚间新闻》推出"据"说系列报道，开启了国内电视媒体的数据新闻实践之路。作为国内最早以部门形式成立数据新闻团队的媒体，新华网灵活运用新思维、新技术进行理念创新、形态创新，在第25届"中国新闻奖"评选中，新华网"数据新闻"专栏凭借其独家权威的数据新闻报道被评为"新闻名专栏"，反映了国内新闻界对数据新闻的重视。此阶段，数据

[①] 吴小坤.数据新闻制作简明教程［M］.上海：复旦大学出版社，2018：2.

新闻实践越来越注重用户交互式体验，通过场景化设置以及细节部分的深度交互设计，满足不同类型用户的个性化需求。数据新闻成为新闻界创新发展的一大趋势，呈现出蓬勃发展之势。从数据辅助新闻文字表达到可视化、交互式数据产品的生产，媒体向公众展示了多种多样的数据呈现方式。总体来看，在数据新闻的发展过程中，不同新闻报道形式之间并非取代关系，而是随着信息环境的变化不断更新，追求数据价值发挥的最大化。数据新闻根植于大数据时代，在新闻生产理念、模式和呈现方式上较之前的新闻报道更进一步，这标志着新闻报道发展新阶段的到来。

2012年12月20日《纽约时报》推出特别报道《雪崩：特纳尔溪事故》。该作品报道了16名滑雪爱好者遭遇雪崩的经过，在报道技术上颠覆了传统报纸的新闻呈现方式，把文字、音频、视频、动漫、数字化模型（DEM）、卫星模型联动等集成，发表在《纽约时报》的网站上。它将各种网络传播的新技术运用于报道新闻，引起了传媒界的广泛关注。

五、数据新闻的生产流程

（一）数据采集

首先，新闻从业者可以从多个渠道采集数据。最常见的数据来源是政府和国际组织提供的公开数据库。例如，联合国数据库、世界银行公开数据、经合组织数据库、中华人民共和国国家统计局数据库等提供的有关人口、GDP、性别、教育、卫生健康、就业率等海量数据。此外，一些企业、非政府组织也提供针对某一领域或话题的公开数据库。

其次，新闻工作者可以采取各种方式主动采集数据。《十二街那边的人们》即是精确新闻的代表性新闻作品：针对美国底特律市爆发的黑人暴动。迈耶和两位社会科学研究者随机抽取了437名黑人进行访问，向其提出40个相同的问题，并将回答输入电脑，用统计结果揭示了黑人暴动的深层次原因。该系列报道获得了1968年的普利策新闻奖。

（二）数据处理

1. 数据处理工具

采集好的数据常常存在各种问题，例如，重复、缺项、格式错误等，需要进一步清洗。常见的数据清洗工具包括 Open Refine、Excel 等。与此同时，为了实现批量处理和统计，数据需要被转化为可被机器读取的格式。

2. "数据+情境＝意义"

数据只有被放置在特定的情境下才具有意义。例如，城市的犯罪率本身并不能构成一个好的新闻故事，只有将城市的人口分布、失业率、受教育程度、当地警察数量等背景因素全部纳入考虑范围内，才能回答"如何"（how）和"为什么"（why）的问题。

"用数据说话"并不能保证结果的客观和公正。无论是数据选取还是数据解读，都可能掺入个人的立场和倾向性，人们不能完全信任数据。

（三）数据可视化

我们对图片的处理要比对文本快得多，这与大脑处理信息的方式密不可分。大脑可以同时处理图片中的数据，而处理文本则采用线性方式。例如，对拼音文字而言，人在阅读文本的时候，大脑首先要对其进行解码，将这些字母与记忆中存储的形状相匹配，进一步理解这些字母如何组成单词，进而组成句子、段落。尽管这一解读过程只需瞬间即可完成，但与大脑处理图像的方式相比，还是需要消耗更多的脑力。所以在某种程度上，利用信息图表进行传播，会使用户在生理上更容易与所传播的信息建立联系。

（四）生成新闻故事

数据新闻的最终落脚点仍然是讲好新闻故事，只是数据代替文字成为新闻故事的新要素。业界通常会将大数据的特点归纳为四个"v"，即多样性（variety）、体量（volume）、速度（velocity）和价值（value）。"大数据"并不仅仅意味着"大型数据"，即数据体量的庞大，它还体现在从大型数据库中搜索、聚集以及进行交叉参照的能力。通过数据，新闻工作者能够挖掘深层次的模型（pattern）、结构（structure）以及趋势（trend），通过横向、纵向对比来扩展新闻报道的广度和深度。

第二节 数据新闻传播存在的问题与策略

一、数据新闻传播存在的问题

随着全球一体化发展趋势越发明显，在互联网技术的带动下全面提升了社会经济发展的速度，媒体行业也在朝着融合创新方向发展，深度挖掘海量数据，通过数据价值因素推动新闻传播行业的发展。然而从当前发展现状能够看出，数据新闻传播还存在较多问题，主要体现在以下方面。

（一）传播者主体结构矛盾

当前我国在传播数据新闻的过程中出现了主体结构矛盾问题，必须从根本上提升传播能力。在深入分析传播人员主体结构矛盾的基础上能够看出，其特征主要表现在以下两个方面：其一，对比分析新媒体和传统媒体。在数据新闻传播中，传统媒体角色缺位问题比较严重，因此在数据新闻传播领域无法发挥出真正的价值。其二，中央电视台，人民日报等央级媒体及其建立的网络媒体在数据新闻传播中的参与度明显高于其他省市级传统媒体。正是由于存在传播人员主体结构矛盾问题，导致省市级传统媒体数据新闻传播参与度较低，因此必须提升数据新闻的传播能力。

（二）缺乏数据新闻意识和专业知识

我国网民数量遥遥领先，因此在互联网技术快速发展下也出现了一大批移动终端媒体和新媒体。然而在大数据时代下，媒体人员缺乏数据新闻意识，也不具备专业的数据新闻知识。通过对省市级传统媒体人员专业素养进行调查分析可见，不了解和不熟悉数据新闻传播的人员数量占比较高。由于传播意识和能力不足，导致数据新闻优秀作品鲜少。此分析结果能够反映出我国媒体从业人员存在数据新闻意识缺失等问题。

（三）数据新闻缺乏深度，产品供给不足

数据新闻传播主要是应用大数据技术挖掘数据价值。在实际传播过程中，技术因素、知识因素等都会对传统媒体从业造成影响，导致其没有深入挖掘数

据价值，这样就无法系统应用数据价值，降低了数据新闻传播价值，也弱化了新闻舆论引导力。媒体人挖掘数据价值能够为社会公众提供信息服务和产品，强化数据新闻的描述价值、预测价值和指引价值。在数据新闻传播过程中，数据价值与产品输出之间存在直接关联性，还会影响数据新闻传播供给。媒体机构所具备的数据资源获取能力可以应用到数据库建设中，但是当前多数媒体机构都没有很好地应用该项能力，对数据库建设造成了极大影响。

（四）数据新闻生产方式缺乏先进性

随着信息化时代的到来，互联网技术可以将多数内容变为数据信息，在各类数据生产过程中经过二次加工处理又能够形成新的数据信息，并且存储到数据库中。以上数据都能够成为理论知识用于新闻材料中，因此在处理时必须采用新方式。然而通过对数据处理应用现状分析可知，媒体人员面对海量数据时常常无从下手，特别是传统媒体人员习惯使用固有的新闻生产方式，严重浪费了数据新闻资源。由于生产方式缺乏先进性，导致数据新闻作品不具备时代特点，在启发性、引导力等方面能力不足。因此，落后的数据新闻生产方式影响了产品质量，从侧面反映出媒体人员没有深入了解和掌握数据新闻传播规律，无法应用数据创造新闻价值。

二、数据新闻传播的策略

（一）创新人才机制，建立专业人才体系

为了全面促进数据新闻传播战略目标实现，必须创新和改进人才机制，并且建立满足数据新闻传播发展的人才体系。通过大量实践能够看出，新闻人才不仅能够胜任数据新闻传播工作，还必须拥有专业知识，熟悉数据新闻传播内在规律，具备大数据获取和分析的信息人才，加快整合专业人才资源，建立数据新闻传播人才体系，这样能够更好地挖掘数据价值，加强数据新闻传播能力。

通过建立数据新闻传播人才体系能够对现有人才机构进行优化，打造使用数据新闻传播的人才发展环境。需要注意的是，注重建设数据新闻传播人才，并且不断创新和改进新闻教育体制，注重培养新闻专业学生数据思维，加强数据分析和处理能力，可以深度设计开发数据产品。此外，高校也应当注重跨学科师资力量建设，构建满足数据新闻传播要求的生态系统。

(二）提升管理能力，实现战略目标

在大数据时代背景下，数据逐渐成为生产资料和新产业模式。因此，国际竞争会逐渐倾向于数据资源争夺。当前，多数国家将大数据作为战略资源，比如，美国所实行的"大数据研发计划"，目的是全面加强数据获取和分析能力。日本也开始应用大数据技术创新和改进国家治理体系。基于以上分析可知，大数据资源在国家发展中具有重要作用。因此必须全面重视数据新闻传播战略的实施，并且紧紧围绕数据新闻传播发展目标，各媒体机构需要结合自身发展，优化整合媒体资源，加强管理数据新闻传播，这样才能够帮助国家实现大数据战略。

（三）建立学习型团队，提升团队数据新闻素养

数据新闻可以深度挖掘数据价值，并且通过分析和预测数据的方式提升信息生产能力，以上内容都显著优于传统媒体。对于数据新闻人员来说，必须注重学习新知识、新技术，不断提升自我素养，这样才能够满足数据新闻发展的需要。因此，建立学习型团队可以形成良好的传播习惯和行为，提升数据新闻传播的效果。

为了提升数据新闻人员素养，必须培养起数据思维、意识，确保发挥具备专业的数据挖掘和分析能力。具体来说，需要注重媒体人员数据敏感性培养，使其能够更好地收集、分析和处理数据。根据数据新闻实践可以看出，加强媒体人员素养时需要从以下两个方面入手：其一，加强数据新闻生产意识。媒体人员必须了解新闻内容和社会公众之间的关联性，充分应用数据资源讲述新闻内容。通过可视化技术加强用户体验，强化产品服务意识。其二，加强数据新闻技能。媒体人员可以自主策划和设计主题，在获取数据之后可以深度分析和处理数据，从而提升数据传递的准确性，展现出数据新闻的独特性。

（四）充分利用媒体技术

数据新闻媒体在完成前期的受众吸收、知名度提升、小程序或 App 研发工作后，有必要对各大媒体平台进行技术学习，利用数字优势为自主研发的小程序或 App 设计用户画像模型工具。充分利用大数据、云计算技术，结合自身受众的基本信息，构建属于自己的用户画像模型，基于模型提供有针对性的数据信息服务。同时，结合实际情况，邀请那些忠实用户举行线下活动，带领其认

识数据新闻制作的各个环节，了解现代数字技术、媒体技术的应用，全面贯彻服务原则，提升其黏性。

（五）扩大视野

数据新闻必须要大胆尝试新鲜事物的报道，突破常规新闻视野的限制。一方面，要求数据新闻生产者自身必须要具有开阔的新闻视野，并全面拓展采访渠道、强化热点新闻嗅觉、提高职业道德修养、强化新闻交互能力、掌握现代技术，能够从大量数据中找到有意义、有价值的"新"数据；另一方面，数据新闻必须要对公众形成正确的引导，要带领公众从狭窄、拥挤的常规视野中走出来，进而更加全面、真实地认识世界。

（六）拓宽传播渠道

互联网信息技术与移动智能技术催生出新的媒体格局，人们获取新闻的习惯与方式都发生了翻天覆地的变化，公众不再满足于被动接收新闻信息，而是希望通过借助移动端主动获取优质的新闻体验。基于此，互联网移动端逐渐成为公众获取新闻信息的重要渠道，而这也将成为数据新闻进军移动智能传播市场的重要一环。[①]

为此，加强移动传播的应用，拓宽传播渠道，是当前数据新闻媒体应当注重的。其大致可以分为三个方面：第一，社交媒体平台。社交媒体作为当前最具影响力的网络媒体平台，在过去的发展中已经建立起一套完善的审核、管理、上传、分享机制，有着庞大的用户基数，所发布的内容主要是以图文为主，是提升受众量的重要途径；第二，短视频媒体平台。短视频媒体平台作为近几年最受关注的网络媒体平台，是当前新闻信息的聚散地，且用户量与社交媒体相比有过之而无不及，内容以视频为主，是提高数据媒体知名度的重要途径；第三，自主数据新闻小程序、App 的研发。虽然网络社交媒体和短视频媒体是两大热度平台，但其内容太多、太杂，对于那些真正有数据新闻需求的人而言反而会降低新闻体验感。为此，新闻媒体可以根据自身实力选择研发小程序或自主 App，专门用于提供数据新闻服务，并利用两大网络平台为自身吸引受众、提高知名度。

---

① 程曼诗. 数据新闻传播人才的现实挑战及应对策略 [J]. 通识教育研究, 2019 (00).

第三节　数据新闻传播实践

一、网易"数读"的传播实践

（一）网易"数读"的传播实践特色

网易"数读"于 2012 年 1 月 13 日上线，第一条新闻是《王朝既倒：关于柯达公司的十个数字》，其宗旨是"用数据说话，提供轻量化的阅读体验"。此外，还有网易"数读"微博和微信公众号进行数据新闻的发布。

1. 贴近受众需求的议题与内容

网易"数读"共分为国际、经济、政治、民生、社会、环境、其他 7 个板块，网易"数读"能够捕捉受众的需求并适时推出受众关注的文章。

2. 数据来源的多样性与权威性

由于数据的挖掘与统计是数据新闻生产最前面的两个环节，数据的来源也就非常重要，如果来源错误，不仅会误导受众，也会对自身的品牌与公信力造成影响。网易"数读"的数据来源主要是国内外政府机构公开发布的数据，权威网站、报纸、杂志等发布的消息，有最高法院、United Nations、Wind 资讯、国家统计局、福布斯、宜信财富、世界卫生组织等多种渠道，拥有丰富的数据来源，不仅使数据新闻题材更为丰富，也使作品更具可读性和说服力。

3. 文字与图片并重的报道方式

传统新闻主要以文字报道为主、图片报道为辅，即使是图片，也不会蕴含太多的信息；当下其他的数据新闻则普遍是图多、文字少的报道模式，常常是"一图读懂某某事件"。而网易"数读"采用的是图片和文字并重的报道方式，如在《通往崩溃之路的委内瑞拉：七成人口陷入贫困》这篇报道中，既有饼图、柱形图、折线图来呈现数据，又配备了 776 字的文字报道，并有 4 个醒目的小标题来引导阅读。

采用图片与文字并重的报道方式，从客观的数据入手进行专业化的分析，对事件进行科学合理的解读，一方面能够方便受众读懂数据所传达的意思，另一方面还能使其了解数据背后的意义，从而引发受众的思考，这是值得提倡的。

4. 创新的清新型可视化设计

数据的可视化是数据新闻生产的一个重要环节，网易"数读"在可视化方面采用了小清新的路线：图片以短图为主，极少有长图；色调选择上以浅色系为主，清新活泼。

5. 运用社会化媒体，扩大传播面

社会化媒体又被称为社交媒体，是互联网上基于用户关系的内容生产与交换的平台，依托于WEB2.0技术而产生与发展。目前，社会化媒体有社交网络、博客、播客、微博、微信等。社会化媒体可以促使人与人之间更好地沟通，增强忠诚度和黏合度，更好地实现交流互动。网易"数读"在利用社会化媒体为自己扩大传播面方面作出努力。

首先，加入分享功能。网页上每条新闻的最后都有一些分享按钮，可以引导用户将该条新闻分享到自己的新浪微博、QQ空间、人人网或收藏到有道云笔记中。数据新闻的分享功能实现了信息的流动和开放，人们获取信息更加去中心化、公平化、社会化，每个人都可以成为信息的发出者和传播者，方便传达自己的意见，实现了信息的流动和数据的开放，为实现社会的良性发展提供了更多可能性。

其次，利用微博进行传播。据统计，网易新闻客户端目前有328.5万粉丝，共计发布微博5万多条；网易新闻有粉丝326.1万，共计发布微博5万多条；网易"数读"有粉丝109.2万，共计发布微博2900多条。这些微博账号都在进行着数据新闻的传播，其利用微博传播迅速、交互性强、影响力大等特点，增强了数据新闻的传播效果。

最后，利用微信公众平台进行传播。网易"数读"开通了微信公众平台"网易数读"，将网页上的数据新闻经编辑后通过微信公众平台发布，这也能扩大新闻的传播面，增强传播效果。最后，社会化媒体成为数据来源之一。社会化媒体使得人人都可以成为信息的发出者，每天都有大量的信息产生，而这些数据都进入了大数据的"海洋"。数据新闻工作者可以在社会化媒体上挖掘信息，成为新闻的数据来源之一。

(二) 网易"数读"数据新闻传播存在的问题

尽管网易"数读"在数据新闻传播上取得了一定的成绩，但仍存在一些问题需要改进，以便更好地打造自身品牌。

1. 数据来源多依赖于外部数据，自身数据开发不足

数据的来源分为一手数据和二手数据，一手数据是通过实验法、调查法、访谈法等亲自获取和收集的数据，二手数据则是通过整理其他已经发布的数据得来的数据。查看网易"数读"新闻的数据来源，发现以第三方平台居多，而来自网易自身数据库和一手调查的数据较少。二手数据的时效性较差，难以满足不同群体的研究需求，人们对数据的思维无法发散，也会对数据新闻的可读性造成影响，甚至在一定程度上限制数据新闻的发展。

2. 数据可视化欠缺

在数据可视化方面，网易"数读"以静态的短图为主，而动态的图片较少，能够进行双向交互的Flash动画等更是几乎没有。这就使得读者的互动体验不佳，阻碍了读者之间的互动与沟通，不利于数据新闻的进一步完善与发展。

3. 社会化媒体的利用程度不足

社会化媒体是新媒体时代的重要媒介之一，在消息的传播中发挥着重要作用，调查网易"数读"的社会化媒体利用程度，可以发现其存在利用度严重不足的缺点。首先，"网易数读"微博粉丝数为100多万，这相较于一个"大V"来说是比较少的，并且其微博的评论量与转发量仅停留在个位数。其次，微信的阅读量也均在3000以内，甚至有些阅读量只有几百。再次，在新闻的编辑方面，微博、微信的编辑只是把网页上的数据新闻简单照搬到微博、微信平台上，并没有进行适合微博、微信平台的加工与再创作。最后，微博、微信平台基本没有和粉丝的互动且推广不足，这导致平台的关注度一直较低。

4. 更新频率缓慢，题材不够广泛

在新媒体环境下，新闻生产没有"截稿时间"之说。新闻生产成了一个动态的过程，随时随地都可以生产新闻、发布新闻。在新媒体时代，新闻的时效性也更加受到重视，新闻网站只有抢着发新闻，才能吸引更多受众的注意力。总体而言，网易"数读"的更新速度较为缓慢，而国内做得较好的财新网基本上每天都会更新一条数据新闻，有时候甚至在同一天内会更新多条数据新闻。

在题材方面，网易"数读"虽然做到了贴近受众需求，但不能一味地迎合受众需求。作为国内知名的门户网站，其需要努力成为意见领袖，引导舆论，为受众提供多样化的题材，如文化、教育、旅游、休闲等方面的题材。

(三) 网易"数读"数据新闻传播实践的建议与思考

网易"数读"是当前数据新闻发布机构里做得较为出色的一家，但目前其

仍未形成核心竞争力，在传播实践方面还有许多需要加强的地方。

1. 注重一手数据的研发与收集

我国数据新闻的发展需要重视一手数据的开发，通过科学的调研方法，收集准确和可靠的数据，通过对这些数据的整理和分析，更好地反映数据背后的现象，从而解析这些现象发生的深层次原因。数据新闻网站不仅仅是大数据海洋中数据的挖掘者和整理者，更是优质数据的生产者和引导者，这有利于推动我国数据新闻的发展。

2. 把握新媒体特性，准确利用新媒体

新媒体环境下媒介多种多样，专业网站、微信、微博、手机客户端等都是数据新闻传播的媒介。新媒体最显著的特征是交互性、超文本性、虚拟性，并且具有传播与更新速度快、成本低、信息量大、内容丰富等优势。因此，网易"数读"应该充分把握新媒体的特性，准确利用新媒体进行数据新闻的传播；在微博、微信和手机客户端上，需要注意尽量避免照搬网站上的数据新闻，而应该对其内容进行编辑与加工，如语气适当活泼，增加音频、视频、动态图片等方式，让内容更加丰富、具有趣味性。

同时，微博、微信应不定期与粉丝互动，如可以向粉丝征集数据来源、接受粉丝的数据新闻投稿、回答受众提出的问题、组织受众最喜爱的数据新闻投票等，并给予参与者一定的物质奖励。这样做一方面可以吸引更多的粉丝，另一方面可以增强用户黏性，真正将新媒体的效用发挥到极致。

3. 增强可视化效果

清新型可视化是网易"数读"的可视化特征，但这种以静态图表为主、缺乏动态图表和交互式信息图的可视化方式易导致受众体验较差。在"注意力经济"和"眼球经济"时代，适当利用技术手段在可视化方面进行创新，推出一些让人"眼前一亮"的数据新闻案例，可以提升网易"数读"的关注度，增强其在数据新闻领域的影响力。

4. 挖掘有深度的内容，探究数据背后的意义

数据新闻的本质仍旧是新闻，新闻能够告诉人们新近发生的事实，有着传递信息、反映舆情、引导舆论、沟通情况、提供娱乐、丰富生活等功能。在当今较为浮躁的碎片化阅读社会中，许多新闻机构只为博人眼球、捕风捉影，导致"标题党"频现，网易"数读"若想要树立自身品牌并增强传媒公信力，则必须挖掘有深度的内容以及那些能引起广大受众深思的内容。

此外，还需要探究数据背后的意义。仅仅将国家统计局、人社部、财政部等官方机构发布的数据以及报纸杂志上的数据照搬过来，进行简单的可视化处理是远远不够的。网易"数读"等媒体应该深入分析这些数据的意义，寻找数据与社会、大众之间的关联，从而反映这些数据的本质。

二、新华网"数据新闻"的传播实践

（一）新华网"数据新闻"的传播实践特点

2012年11月新华网数据新闻项目启动，2014年6月该栏目第一次进行改版，2015年11月新华网数据新闻获得"中国新闻奖"的"中国新闻名专栏"奖，2015年12月栏目第二次改版升级，2017年11月其发表的作品《征程》获得"中国新闻奖"一等奖。

1. 数据来源多样且权威

数据新闻中的数据是其核心的部分，新华网作为数据新闻的先驱者，在数据这块把关较为严格。就多样性来说，针对每一个不同题材的数据新闻，其数据的来源在每个图片下都有标识。从2018年的数据新闻中发现，数据大多源于中国青年报、人民网、黑龙江日报、南方日报、新华网、央广网、人民日报、中华人民共和国教育部官网、科普中国、人民卫生出版社等多种渠道。从权威性来看，人民网、人民日报、央广网、新华社、中国新闻网这样的主流媒体具有一定的权威性，这使得新闻报道更有说服力，可以让受众放心地获取所发布的信息。

2. 板块涵盖全面且及时更新

新华网"数据新闻"栏目有10个板块，分别为讲习所、政经事、数据观、第一时间、数问民生、新极客、涨知识、人文说、健康解码、慢动作，涵盖了各个领域的新闻。经统计，新华网的数据新闻以民生类为主。在内容方面，及时更新。以《考研热来袭，这些黄金法则请牢记》为例，其发布日期是2018年10月19日，而10月10日至10月31日是2019年全国硕士研究生考试正式报名阶段。针对考研这一大群体，新华网获取了2015年至2018年报考研究生的人数，以图表的方式更加直观地让我们看到考研人数持续上升的趋势，又将10月至12月期间如何备战考研做了规划，图多文字少，让表达的内容全部集中于此，使受众可以更好地理解传播者所要传达的信息。

3. 新颖的可视化设计

数据观这一板块呈现的全部是可视化的设计，数据新闻将复杂、抽象、难懂的数据转化为了形象、具体、生动的报道。新华网数据新闻以图片为主要的呈现方式，一张张滚动的图片中包含了图表、扇形图、饼状图、动画人物、少量文字、数据等。通过对新闻报道进行整合，用可视化的方式来呈现，可以满足受众的阅读习惯，能够让受众更好地理解新闻，从而达到良好的传播效果。例如，《在全球，每两个人就有一个城里人》这篇报道，解释了全球城镇化的变化，用折线图和柱形图表示亚洲、欧洲、非洲的人口占比变化，据此，人们可以很直观地看出变化的趋势。

4. 贴近受众需求的内容

现在人们处于新媒体时代，每天都将接收大量的信息。对于新闻报道的信息接收，人们总会看自己喜欢看的。对于新闻生产者来说，报道的选题可以吸引受众的注意力，这对于他们来说尤为重要。新华网在10个板块尤其是数问民生中，发布的新闻报道最多，且贴近受众的生活。还有关于网民权益以及生活中的政策变化，都与受众息息相关，这样的报道受众参与度高，且进行评论和点赞的人数多。

5. 静态新闻居多

在新华网数据新闻中，按照表现形式进行分类，分别有信息图、图文互动、专题、PC交互、手机交互这5种。其中信息图和图文互动属于静态的数据新闻，而专题、PC交互、手机交互则属于动态的数据新闻。在2018年的数据新闻中，信息图为276篇，图文互动为15篇，专题为2篇，PC交互为3篇，手机交互为53篇。可以看出，静态新闻为291篇，占据主要部分，而动态新闻为58篇。

(二) 新华网数据新闻传播存在的问题

1. "第一时间"内容更新不及时

"第一时间"这个板块，与其他9个板块相比是最少的。当看到"第一时间"这个板块时，首先想到的是及时性的特征，当打开报道查询相关报道时却发现寥寥无几。可见其并未及时新，而其他板块的报道分布得比较均匀。

2. 互动式的动态新闻不足

通过总结，可以发现，静态新闻已然超出了动态新闻多倍。从这样的数据中我们看到的是新华网将静态新闻作为其主力军。但现在媒体的用户以年轻人居多。现在的年轻人喜欢新鲜的事物，他们获取新闻的方式也将在悄然中发生变化。现在人们的阅读方式是向下滑动屏幕快速获取信息，看到自己喜欢的信息就接着往下滑，看到不喜欢的随时终止获取信息。这不仅在信息质量方面对新闻生产者提出了新的要求，还对与人们的互动方面提出了新的要求。

3. 内容挖掘深度不够

数据新闻如果只是依靠数据使得数据新闻被记住，这显然是不够的。现在进入了新媒体时代，每个人都是内容的生产者，大家都在关注着碎片化的信息，但是现在高质量的文稿却寥寥无几。生产者应该在利用好数据的前提下，用文字分析事实。数据可以让我们获取直观的信息，但是很多事实却隐藏在数字后面，需要生产者去挖掘和思考。从狭义上看，数据新闻的内涵就是基于数据的抓取、挖掘、统计、分析和可视化呈现的新型新闻报道方式，但是并不是等于说对于文字这块的要求就少于数据，两者是要并驾齐驱的。

（三）新华网数据新闻传播实践的思考

1. 及时更新"第一时间"新闻

数据新闻不仅与数据相关，还与新闻息息相关，新闻重在强调时效性。数据新闻的生成虽然对数据具有严格的要求，需要耗费一定的时间获取，但是这也要求生产者合理地发布数据新闻。"第一时间"作为一个单独的板块，有其设定的意义。从其首页的"第一时间，大事发生，请看这"也可以看出其对时效性的重视。数据新闻"第一时间"也应及时更新，进行合理的分类，相应的板块结合特色进行分配，将给予受众更多的选择。

2. 加强交互式设计应用

新华网作为主流媒体，以静态数据新闻居多。静态数据新闻做得越多，在这方面积累的经验也就越多，从而在满足受众的需求的同时，加强动态新闻领域的开发，这也是一种创新。现在的年轻人喜欢体验，而动态的数据新闻将会给受众带来全新的体验，基于大数据感受它带来的魅力。

这样交互式的体验，可以将受众由一维空间带入多维空间。例如，在《全景游G20会场和新景》中，受众可以在国际博览中心、中国美院、浙江西子宾馆等6个地方任意游览，随意点击一个地方，拖动鼠标，场景可以进行360度旋转，仿佛置于其中。随着鼠标的移动，受众将可以任意游览，里面还带有音乐，可以放松去享受，这样的交互式体验，带动了受众的参与性。

3. 深入挖掘数据内容

无论是新媒体还是传统媒体，内容至上起着越来越重要的作用。

数据新闻不仅仅要注重数据，还要注重内容。这要求新闻生产者具有专业知识背景和一定的策划选题的能力，同时要有深入挖掘的理念，渴求深度的知识，从而打造高质量的数据新闻。

在内容生产方面，要向传统媒体进行学习，进行深度报道。对事件怀着调查性的目的去查证，收集事实各个方面的资料，进行整理归纳和核查，给予受众最大化的真实，还原事实，探索事实背后的原因。同时要将最重要的内容呈现出来，打破那些冗长的文字的编排，通过图示进行新闻的表达。只有这样发布一些高质量的文章，才能够直击大众的内心，在这样的情况下才会处于不可替代的位置。

这样不仅可以增加受众的信任感，同时也可以增加黏性，吸引更多的受众来到这里。所以说现在是一个内容至上的时代，不管形式怎么变，其本质是不会变的，在注重数据的同时，不能忘记内容的重要性。要将数据新闻与内容紧密地联系在一起，相互补充，给受众提供质量较高的信息。

参考文献

[1] 蔡铭泽. 新闻传播学第 3 版 [M]. 广州：暨南大学出版社，2010.

[2] 陈立强. 新媒体环境下数据新闻的传播实践研究——以网易"数读"为例 [J]. 新闻研究导刊，2017（1）.

[3] 陈丽芳. 新媒体时代新闻传播研究 [M]. 沈阳：辽宁人民出版社，2020.

[4] 陈丽菲. 媒介融合背景下的新闻传播教育 [M]. 桂林：广西师范大学出版社，2015.

[5] 陈致中. 媒介平台与传播效果实证研究取向暨南文库新闻传播学 [M]. 广州暨南大学出版社，2020.

[6] 褚轩轩. 新媒体环境下新华网数据新闻的传播实践探析 [J]. 视听，2019（8）.

[7] 杜剑峰. 新闻与传播论文集 [M]. 北京：中国电影出版社，2011.

[8] 高卫华. 新闻传播学导论 [M]. 武汉：武汉大学出版社，2011.

[9] 耿思嘉，高徽，程沛. 新闻传播与广告创意 [M]. 长春：吉林人民出版社，2019.

[10] 郭璐瑶. 新闻传播与营销策划 [M]. 北京：中华工商联合出版社，2022.

[11] 韩爱平，张玉玲. 网络新闻传播伦理 [M]. 开封：河南大学出版社，2016.

[12] 郝雨. 新闻传播学概论 [M]. 上海：上海交通大学出版社，2017.

[13] 贺勇. 融媒时代的新闻传播发展与变革 [M]. 北京：中国商业出版社，2017.

[14] 黄瑚. 新闻传播法规与职业道德教程 [M]. 上海：复旦大学出版社，2011.

[15] 黄辉. 新闻传播学理论、方法与实务 [M]. 上海：同济大学出版社，2013.

[16] 黎藜，廖圣清．新闻传播学研究方法［M］．上海：复旦大学出版社，2021．

[17] 李法宝．新闻传播方法论［M］．广州：中山大学出版社，2007．

[18] 李轶，王慧，徐鹏．媒介融合趋势下的新闻传播及其变革研究［M］．北京：中国商业出版社，2018．

[19] 凌硕为．新闻传播与近代小说之转型［M］．杭州：浙江大学出版社，2013．

[20] 刘宝珍．新闻传播理论探索与实践研究［M］．武汉：华中科技大学出版社，2016．

[21] 刘昶，哈艳秋．新闻传播学前沿［M］．北京：中国传媒大学出版社，2019．

[22] 刘海龙．解析中国新闻传播学［M］．北京：中国人民大学出版社，2019．

[23] 刘宏，栾轶玫．新闻传播理论［M］．北京：中国传媒大学出版社，2016．

[24] 刘京林．新闻心理学原理［M］．北京：新华出版社，2012．

[25] 刘卫东，荣荣，殷莉．当代新闻传播［M］．天津：天津人民出版社，2008．

[26] 刘文阁，李强．新闻传播概论［M］．北京：民主与建设出版社，2021．

[27] 刘向宇．当前数据新闻传播存在的问题、原因及对策［J］．科技传播，2019（8）．

[28] 刘笑盈．国际新闻传播［M］．北京：中国广播电视出版社，2013．

[29] 刘笑盈．中外新闻传播史［M］．北京：中国传媒大学出版社，2007．

[30] 刘阳．数字化视角下数据新闻的传播策略［J］．新闻文化建设，2023（5）．

[31] 刘悦．融媒图景中国新闻传播变革研究［M］．北京：人民日报出版社，2020．

[32] 陆绍阳．中国新闻传播学四十年［M］．北京：商务印书馆出版社，2019．

[33] 罗彬．新闻传播人本责任研究［M］．武汉：武汉大学出版社，2011．

[34] 马艺．中国新闻传播史论［M］．北京：新华出版社，2007．

[35] 蒙南生．新闻传播社会学［M］．北京：中国传媒大学出版社，2007．

[36] 孟有新．新闻传播探索与实践［M］．银川：宁夏人民教育出版社，2011．

[37] 强荧，吕鹏．新闻与传播学国际理论前沿［M］．上海：上海社会科学院出版社，2017．

[38] 尚甲．当前数据新闻传播存在的问题、原因及对策［J］．视听，2019（2）．

［39］宋超．新闻事业与新闻传播学［M］．上海：上海人民出版社，2009.

［40］隋岩，哈艳秋．新闻传播学前沿［M］．北京：中国国际广播出版社，2020.

［41］孙祥飞．新闻传播学热点专题［M］．北京：人民日报出版社，2019.

［42］孙旭培．新闻传播法学［M］．上海：复旦大学出版社，2008.

［43］孙艳．融媒体时代电视新闻的传播研究［M］．北京：北京工业大学出版社，2021.

［44］田静，关众．财经新闻传播学［M］．北京：中国经济出版社，2022.

［45］童兵，张晓锋，胡学峰，等．中国新闻传播学研究最新报告［M］．上海：复旦大学出版社，2018.

［46］童之侠．中国国际新闻传播史［M］．北京：中国传媒大学出版社，2007.

［47］屠忠俊．新闻与传播研究方法探索与文化意义阐释［M］．武汉：华中科技大学出版社，2011.

［48］王嘉文．新媒体语境下的新闻传播研究［M］．长春：吉林出版集团股份有限公司，2018.

［49］王润泽，王润泽，赵云泽，等．中国新闻传播史新编（第2版）［M］．北京：中国人民大学出版社，2020.

［50］王卫明．新闻传播学论文写作理论、方法与案例［M］．武汉：华中科技大学出版社，2020.

［51］王晓宁．融合新闻传播新论［M］．南京：南京师范大学出版社，2020.

［52］王怡玮．当前数据新闻传播存在的问题、原因及对策［J］．南方农机，2019（6）.

［53］王援．新闻学概论［M］．成都：电子科技大学出版社，2017.

［54］魏瑾．移动时代的新闻传播理论与实践研究［M］．北京：中国商业出版社，2021.

［55］魏永征，周丽娜．新闻传播法教程（第6版）［M］．北京：中国人民大学出版社，2019.

［56］肖灿．融媒时代的新闻传播途径研究［M］．长春：吉林人民出版社，2019.

［57］肖赛君，郑雨雯，毛毅．数据新闻基础教程［M］．武汉：武汉大学出版社，2021.

［58］谢金文．新闻学通论［M］．上海：上海交通大学出版社，2019.

［59］辛欣，雷跃捷等．中外新闻传播教育发展研究［M］．北京：中国传媒大学出版社，2009．

［60］许正林．媒体融合时代的新闻传播教育［M］．上海：上海交通大学出版社，2015．

［61］杨保军．新闻传播学文库新闻规律论［M］．北京：中国人民大学出版社，2019．

［62］杨溢，陈雁，丁豫峰．新闻传播与营销策划［M］．长春：吉林人民出版社，2020．

［63］殷晓蓉．新闻传播学术精要［M］．上海：复旦大学出版社，2007．

［64］张柏兴．经济新闻新编教程［M］．杭州：浙江大学出版社，2012．

［65］张萍．新媒体与新闻传播发展研究［M］．北京：北京工业大学出版社，2019．

［66］张涛．融媒时代新闻传播及其变革探析［M］．北京：中国商务出版社，2019．

［67］张哲．融媒时代背景下新闻传播的变革研究［M］．长春：吉林出版集团股份有限公司，2021．

［68］张振亭．中国新时期新闻传播学术史研究［M］．南昌：江西人民出版社，2009．

［69］赵丽芳，毛湛文．新闻传播学入门基础导读［M］．北京：五洲传播出版社，2019．

［70］赵轶．全球化语境下的新闻传播与媒介责任构建研究［M］．沈阳：辽宁大学出版社，2019．

［71］周鸿铎．新传播学教程［M］．北京：中国国际广播出版社，2018．

［72］诸葛蔚东，张增一．多重视角下的新闻传播［M］．北京：科学出版社，2013．

［73］卓光俊．新闻传播与法治［M］．重庆：重庆大学出版社，2013．